¡UNIDOS SIN LIMITES!

Ejercito de Salvación Territorio Este de Estados Unidos

Avanzando a través de la oración, el amor y la misión

Joe Noland

2000

Publicado en asociación con
Duden Enterprises, Inc. y
Words in Process
13661 Calimesa Boulevard, Yucaipa, CA 92399

Las citas de las Escrituras de *The Message* son usadas
con el permiso de NavPress Publishing Group,
P.O. Box 35001, Colorado Springs, CO 80935

El poema "Hector the Collector" del libro
Where the Sidewalk Ends es usado con el permiso de
Harper Collins Publishers,
10 E. 53rd St., New York, NY 10022

El extracto en la p. 5 sobre Walter Lewis Wilson fue sacado de
Robert J. Morgan, *On This Day*, Thomas Nelson Publishers:
Nashhville, 1998. La paráfrasis de la devoción titulada
"My Head to My Feet" se usa con permiso.

ISBN # 0-9675393-0-7

Impreso en los Estados Unidos de América

Indice de materias

¡Recibe!

¡Amplía la visión!

¡Abraza la visión! (Talleres visionarios)

Agradecimientos

En todo emprendimiento humano hay mucha gente que contribuye, a sabiendas o no, a hacer posible el producto final. Estoy en deuda con muchos amigos y cooperadores que me han inspirado, me han alentado y me han dado ánimo. Muchos de ellos aparecen en las páginas de este libro. Quiero agradecer en forma especial a algunos que me han ayudado a conformar mi visión y han hecho posible que la articule de una manera coherente.

En primer lugar, sin el liderazgo visionario del General Paul A. Rader (R) y de la Comisionada Kay Rader (R), jamás hubiese sido escrito este libro. Su estilo de liderazgo fue para mi un desafió que me inspiró y dio me poder. "¡Ustedes Pueden!" llegó a ser el sello distintivo de su administración. Ellos nos llevaron a lugares donde nunca habíamos estado. Vieron lo invisible e hicieron lo imposible. Ellos modelaron un "santo descontento" con las cosas tales como son. Doris y yo somos dos de los beneficiarios de su liderazgo visionario, y este libro ha sido diseñado con el fin de proyectar esta visión para el siglo XXI en el Territorio Este de Estados Unidos.

En segundo lugar, debo agradecer la influencia positiva de los Tenientes Coroneles David y Gladys Riley. Dave ha pasado a la Gloria, pero el efecto acumulado de sus vidas y su ministerio pervivirá por mucho tiempo. Ellos me recibieron con calidez en un momento difícil de mi vida y durante su ministerio renové mi compromiso al oficialato. Como parte de la plana mayor de la división, ellos nos animaron, nos dieron fuerza y nos dieron el espacio necesario para llevar a cabo un ministerio innovador durante nuestros dos primeros nombramientos (nuevos cuerpos). Servimos como oficiales directivos y éramos los segundos al mando cuando ellos ejercían de líderes divisionales en el sur de California. El y su señora estuvieron dispuestos a arriesgarlo todo por el Reino del Señor. No se resignaron al orden establecido. Su grito de batalla era, "¡Háganlo!". Este libro hace eco de ese grito.

Finalmente, debo reconocer la incalculable y experta contribución editorial de Deborah Flagg. Ustedes estarán leyendo el libro en su forma final. Debieron haberlo visto en su estado inicial. Ella tomó en sus manos mi exiguo ofrecimiento y lo transformó magistralmente en la obra de maestro que pretendió ser. Le quedo eternamente agradecido por su inapreciable ayuda.

Y, por supuesto, agradezco a Dios porque siempre abre mis ojos para "ver lo invisible", y su gracia ilimitada me da las fuerzas para "intentar lo imposible".

¡Dios nos ha dado un mandato!

Dios nos ha dado un mandato ...
Recuperar el valor salvacionista de la oración participativa.

Dios nos ha dado un mandato ...
Llamar a los salvacionistas a una vida de santidad.

Dios nos ha dado un mandato ...
Reafirmar el valor salvacionista de un evangelismo agresivo y adaptable.

Dios nos ha dado un mandato ...
Plantar nuevos cuerpos de forma agresiva y flexible, con el acento puesto en la comunión de los creyentes.

Dios nos ha dado un mandato ...
Alcanzar con nuevas expresiones del Ejército a aquellos que viven marginados.

Dios nos ha dado un mandato ...
Alcanzar evangelísticamente a la comunidad en proceso de recuperación.

Dios nos ha dado un mandato ...
Alcanzar a los adolescentes y a los jóvenes.

Dios nos ha dado un mandato ...
Revitalizar a los cuerpos.

Dios nos ha dado un mandato ...
Reclutar y cultivar candidatos.

Dios nos ha dado un mandato ...
Ofrecer mayores oportunidades para el ministerio a personas de edad media.

Dios nos ha dado un mandato ...
Hacer nombramientos en base a valores
fundamentales y al desempeño, no al protocolo.

Dios nos ha dado un mandato ...
Crear canales y oportunidades para que trasmitan libremente las
ideas y la información se por todo el territorio.

Prólogo

En los momentos finales del segundo milenio, la atención y las actitudes de todos se han abierto a una evaluación completa de nuestro progreso como civilización. En el contexto de la Iglesia, nos hemos dedicado a evaluar nuestra efectividad, especialmente durante las décadas más recientes. Esta introspección ha sido premiada con una saludable dosis de realismo, pues hemos podido apreciar lo insuficiente que ha resultado el rendimiento de la Iglesia Americana en el siglo 20. Nuestra honesta autoevaluación ha abierto la puerta a una nueva era en la que podemos considerar un cambio radical en nuestros esfuerzos para servir mejor a nuestro Rey y a su Reino.

Querer percibir o considerar la inminencia del nuevo milenio como la única causa de esta nueva apertura y transparencia en nuestras actitudes resulta del todo irrelevante. Sería útil para nosotros que Y2K sirviera para desmantelar patrones preconcebidos que limitan la habilidad de la Iglesia para cumplir su misión. Por una u otra razón, vivimos en una época en la que se acostumbra poner todo en tela de juicio. En este momento decisivo en la historia del hombre, la cultura tiende irremisiblemente hacia el cambio.

Es en respuesta a esta nueva apertura—y no en función a una fecha arbitraria en el calendario—que Dios está llamando a su Iglesia a un nuevo día, a un nuevo nivel de obediencia como miembros de su Cuerpo dedicados a la misión evangelística. ¿Cómo responderemos? ¿Será éste un momento de cambio profundo en seguimiento de Dios, o se ha de cerrar la ventana de la apertura con apenas unos cuantos seminarios más y unos cuantos libros nuevos sucediéndose y amontonándose estérilmente ante nosotros. En gran medida, la respuesta a esta pregunta queda impostergablemente en manos de los líderes de hoy, quienes deben cargar con el peso y responsabilidad de dilucidarla.

Muchos líderes escucharán con atención e incluso dirán lo que crean necesario decir en relación con este nuevo llamado de Dios. Sea como sea, el costo para ellos al final será muy alto, el miedo muy intenso y las consecuencias tan inquietantes cuanto imprevisibles. Sus actitudes, comportamiento y decisiones no cambiarán. La ola que el Espíritu de Dios está creando los dejará reducidos a maneras de pensar que son vacías, defensivas y que están plagadas de racionalización.

Por otra parte, algunos líderes están tan empeñados en responder a este nuevo llamado de Dios, tan profundamente sometidos a la voluntad de Dios para la Iglesia, tan permeados del liderazgo servicial de Dios, que están dispuestos a arriesgarlo todo—reputación, carrera, popularidad y posición social. Esta vida de entrega total al Rey es la "sangre y fuego" de la transformación global en Dios. Estos líderes harán un llamado profético para marchar como ejército, arriesgándolo todo para Conocer a Dios y para Dar a Conocer a Dios.

Cristo representa el rompimiento permanente de barreras. Su ministerio es un movimiento fluido que se expande permanentemente con el fin de saturar el mundo con su gracia transformadora. Si verdaderamente somos su Cuerpo, la Iglesia, esa característica transfiguradora nos describirá a nosotros así como a todo lo que hacemos. No estaremos limitados por estructuras, protocolos ni precedentes históricos—al contrario, recibiremos poder de éstos para avanzar con paso seguro hacia el cumplimiento de nuestra misión. Nuestra historia, si somos fieles a ella, nos impulsa a cambiar en obediencia a nuestra misión. Aferrarse al pasado le resta valor al espíritu y a la fidelidad de aquellos que lo forjaron.

El llamado a avanzar es simple: "Es hora de que la Iglesia vuelva a ser la Iglesia". No una burocracia que construir, una estructura que sostener o una institución que se debe preservar, sino un movimiento que es necesario fortalecer—un movimiento de proporciones globales y de características apostólicas. Un movimiento que sea móvil, flexible y que invada la obscuridad.

Formar parte de un movimiento como éste en el momento histórico en que vivimos significa que debemos estar dispuestos a aceptar ciertos riesgos e incomodidades. Los movimientos no son ordenados. No pueden ser definidos ni diagramados. Los movimientos en la Iglesia constituyen el libre fluir del Espíritu de Dios a través de su Cuerpo; a través de ellos, Dios realiza su misión de la manera en que El lo ha dispuesto. Los líderes que se comprometan a seguir y obedecer esta disposición divina moverán las aguas y encontraran resistencia—la consecuencia natural de cualquier movimiento.

Lo que se requiere de aquellos que se comprometan a seguir y obedecer esta disposición divina es que acepten plena y activamente la promesa de Dios para la Iglesia. No se trata de nuestra organización, sino del organismo de Dios. No se trata de nuestro imperio, sino del Reino de Dios. Lo nuestro consiste sólo en sentirnos sobrecogidos por la profundidad de la pasión de Dios por nosotros y en dejar que su visión se adueñe por completo de nuestro espíritu y de nuestras vidas.

Nuestra tendencia inmediata será a dilapidar gran parte de nuestra energía evaluando, estructurando y delimitando una visión. Debemos aprender meramente a seguirla.

Estamos entrando en una era en que el Espíritu de Dios se mueve entre nosotros como nunca lo ha hecho en el pasado. Es ésta una oportunidad única para la Iglesia, que se caracteriza por su vitalidad espiritual basada en la oración, su actividad guiada por la misión, su compañerismo, su relevancia cultural, su santidad que transforma, su diversidad y su iniciativa para asumir riesgos. Abrazar un futuro como éste produce el temor que naturalmente engendra la pérdida del control y de la seguridad. Pero no abrazarlo algo más de temer, pues acarrearía consigo la pérdida del vibrante movimiento apostólico del Espíritu Santo, a través de la Iglesia, en pro del Reino de Dios.

Joe Noland es un líder que ha capturado el sentido de esta puerta que se nos ha abierto. El está llamando a sus seguidores a abrazar este nuevo día, a someterse al llamado de Dios, y a tener el valor de darle la espalda a la seguridad de los modos de vida tradicionales—todo ello por la causa y el bien de la misión. Al hacer este llamado, él se ha expuesto a ser el blanco de las críticas de aquellos que preferirían una manera más fácil de obrar. En todo caso, en el Reino no existen otras opciones. Todos debemos dejar de lado nuestros preciados prejuicios y la inercia de nuestras inclinaciones, y cargar nuevamente con la cruz si es que de verdad queremos asumir los desafíos del próximo milenio.

En este volumen, Noland se presenta claramente a sí mismo como una persona que lo ha arriesgado todo y que llamará a su gente a seguir pagando el precio del cambio y la incomodidad, todo ello por bien de nuestro Rey y de su Reino.

Kevin W. Mannoia
Presidente
Asociación Nacional de Evangélicos
1999

Prefacio: Adelante 2000

Cuando llegó la media noche del 31 de Diciembre de 1999, el mundo cruzó el umbral hacia el futuro. La vida se siente distinta de este lado de la división cronológica—nos sobrecoge un sentimiento de urgencia, una premonición de algo grande que se avecina. Hay aires de cambio, y con el cambio se [resemtamnuevas oportunidades así como nuevos desafíos.

En este momento decisivo de la historia, el Ejército de Salvación debe hacerse algunas preguntas que vienen muy a cuento. Lo nuestro es un nuevo desafío. Lo nuestro es un desafío dirigido hacia adelante. Lo nuestro es un desafío del "2000 en adelante". Lo nuestro es un desafío bíblico, un desafío ordenado por Dios, un desafío inspirado por el Espíritu. ¿Cómo responderemos?

Estamos heredando un mundo que cambia rápidamente, un mundo de viajes supersónicos, de comunicación electrónica, de mundos digitales y alteraciones genéticas. El desarrollo tecnológico a gran escala está ocurriendo con tanta rapidez que la persona común y corriente no es capaz de seguir su ritmo, y el impacto futuro de estos cambios no puede menos que perturbar nuestra mente. Richard Gaillardetz en su artículo *"Doing Liturgy in a Technological Age"* [*"La liturgia en una era tecnológica"*] observa que la tecnología ha determinado en gran medida los valores que los seres humanos consideran importantes. Como resultado de este "desplazamiento de valores", los estilos de vida están cambiando. La demografía está cambiando. La población está creciendo y el mundo se está achicando. El acceso ilimitado a la información y a la comunicación instantánea nos ha convertido en seres omniscientes y omnipresentes a la vez. Los colores y las culturas están siendo mezcladas y combinadas. El "Siglo de la biotecnia" se cierne sobre nosotros con dramáticos desarrollos en la medicina, ingeniería genética y tecnologías de la reproducción, todo lo cual genera controvertidos dilemas éticos y morales. En nuestra cultura materialista y adictiva, las adicciones están aumentando a tasas alarmantes y la población que se recupera de estas adicciones está alcanzando proporciones jamás antes vistas. Las necesidades de las personas están cambiando y, con ellas, los métodos para satisfacerlas. Las estructuras de las organizaciones están llegando a ser más fluidas y los estilos de liderazgo se están transformando a ritmos nunca antes conocidos. El futuro es cambio—¡el futuro está ocurriendo ahora mismo!

Todo esto suena un poco sobrecogedor, y no menos preocupante. ¡Suena como una crisis! Pero recuerden, la definición de la palabra *crisis* es *un momento crucial o una situación o momento decisivo; un momento de cambio.* Esta es la oportunidad del Ejército para cambiar, adaptarse e innovar para poder satisfacer las necesidades cambiantes del mundo que nos rodea. Esta es nuestra oportunidad de permitir que el Espíritu de Dios actúe a través nosotros de nuevas y creativas maneras, preparándonos para llevar la historia eterna del amor redentor de Dios hacia los nuevos mundos que ha creado la tecnología. Esta es nuestra oportunidad para vivir más plenamente las palabras de Jesús, "Id por todo el mundo y predicad el evangelio..." (Marcos 16:15).[1]

---

[1] Todas las citas bíblicas son de la versión Reina-Valera, revisión de 1960. [Nota de los traducores]

En medio de todo este cambio, hay una cosa que permanece inalterable. Hay una realidad eterna de la que podemos depender y que podemos reclamar para nosotros y para los que servimos—*Ayer, hoy, y por siempre, Jesús es el mismo.* Jesús nunca cambia. Su presencia está siempre con nosotros. Su amor permanece inalterable. "Yo soy el camino, la verdad y la vida", dijo. Esta afirmación milagrosa es tan cierta hoy como lo fue hace dos mil años. Pero si bien Jesús jamás cambia, él es el "agente de cambio" por excelencia.

De modo que si alguno está en Cristo, nueva criatura es; las cosas viejas pasaron; he aquí todas son hechas nuevas.
(2 Corintios 5:17)

¿Te ha cambiado a ti el inalterable Jesús? ¿Eres tú una nueva creación? Si lo eres, entonces eres uno de sus hijos. Has heredado su personalidad. Has heredado sus atributos. A medida que iniciamos juntos este nuevo camino, te desafío a abrazar cada oportunidad y a seguir el ejemplo de Cristo para así llegues a ser uno de sus agentes de cambio.

La vida y el ministerio de Jesús nos hacen conscientes del drama y del trauma que produce el cambio en carne propia. El vivió al límite, asumiendo riesgos y desafiando permanentemente el orden establecido. El "fue un poco más allá" de lo que era aceptable. En una sociedad rígidamente organizada y estamentada, él ensanchó los parámetros de la integración social del ser humano. Su arriesgado ministerio tocó la vida de leprosos, prostitutas, limosneros y ladrones-cambiándolos, dándoles poder, amándolos. Consideren el drama y el trauma de la cruz, el supremo acto de transformación, la más sublime forma de cambio para aquellos que tuvieran fe y creyeran en El.

También estamos rodeados de una gran multitud de "agentes de cambio". El apóstol Pablo, Martín Lutero, John Wesley, William y Catherine Booth: las vidas de todos ellos son ejemplos de cambio. Desde un comienzo, el Ejército de Salvación ha personificado el cambio. No resistamos el cambio, al contrario, abracémoslo con entusiasmo y esperanza. ¿Por qué? Haz un alto y considera con detenimiento todas la implicaciones de esta afirmación: *¡El cambio es la diferencia entre la vida y la muerte!*

En este momento de crisis, tenemos el futuro en nuestras manos. La vida de este Ejército está en nuestras manos. La vida de este territorio está en nuestras manos. Cada persona que tocamos pasa a ser una cuestión de vida o muerte. Conscientes de esto, avancemos sin egoísmos, sin titubeos, sin temores y con toda nuestra energía creativa. Avancemos con una visón y audacia santas. En medio de un mundo que cambia, proclamemos a un Cristo inalterable, que es, paradójicamente, el Creador de todo cambio.

El no lo hace empujándonos sino obrando en nosotros [cambiándonos], *con su Espíritu profunda y dulcemente en nuestro interior.* (Efesios 3:20-21, *The Message [El Mensaje][2])*

Verdaderamente... ¡**UNIDOS SIN LIMITES!**

---

[2] Una traducción parafraseada de la Biblia, muy popular en la comunidad de habla inglesa. El autor de este libro hace uso extensivo de ella y por lo tanto nos hemos visto en la necesidad de traducirla literalmente del inglés. En adelante, nos referiremos a *The Message* como *El mensaje.* [Nota de los traductores]

¡Asciende a las alturas ... en Cristo!

Los siguientes textos de Efesios 3-5, parafaseados en *El mensaje*, han servido de inspiración para este libro.

Mi respuesta es arrodillarme ante el Padre, este magnífico Padre que reparte todo el cielo y la tierra. Le pido que los fortalezca a través de su espíritu ... le pido que con los pies bien puestos en el amor, sean capaces de recibir junto a todos los cristianos la extravagante dimensión del amor de Cristo. ¡Alcancen y experimenten el aliento! ¡Examinen su alcance! ¡Sondeen sus profundidades! ¡Asciendan a sus alturas! Vivan una vida plena, plena en la plenitud de Dios.

Han de saber que Dios puede hacer cualquier cosa—¡mucho más de lo que pueden imaginar, adivinar o pedir en sus más dorados sueños! El no lo hace empujándonos, sino obrando en nosotros con su espíritu, profunda y dulcemente en nuestro interior. ¡Gloria a Dios en la Iglesia! ¡Gloria a Dios en el Mesías, en Jesús! ¡Gloria a todas las generaciones pasadas! ¡Gloria a través de todos los milenios! ¡Oh, sí!

A la luz de todo lo dicho, esto es lo que quiero que hagan. Mientras yo estoy encerrado aquí, prisionero por mi Maestro, quiero que salgan afuera y caminen—mejor aún, ¡que corran!—por el camino que Dios les mandó que recorrieran. No quiero a ninguno de ustedes sentados sobre sus manos. No quiero a nadie deambulando por ahí, por una de esas sendas que no conducen a nada. Entiéndase bien que ustedes deben hacer esto con humildad y disciplina—sin detenerse y volver a comenzar, sino que entregándose continuamente unos a otros en actos de amor, alertas a observar las diferencias, y resolviendo con prontitud los problemas.

Ustedes fueron llamados a caminar por el mismo camino y en la misma dirección, así es que manténganse juntos, tanto exterior como interiormente Ustedes tienen un Maestro, una fe, un bautismo, un Dios y

Padre de todos que gobierna sobre todo, se manifiesta a través de todo, y está presente en todo. Todo lo que son, piensan y hacen es parte de ese todo.

Pero eso no quiere decir que ustedes deberían lucir, hablar y actuar de la misma forma. Gracias a la generosidad de Cristo, cada uno de nosotros ha recibido sus propios dones y talentos...

¿No es cierto que Aquél que ascendió también descendió, descendió al valle de la tierra? Y Aquél que descendió es Aquél que volvió a ascender, ascender a lo mas alto del cielo. Repartió dones y talentos tanto arriba como abajo, llenó el cielo de sus dones, llenó la tierra de sus dones. Repartió los dones y talentos de apóstol, profeta, evangelista, y de pastor y maestro buenos para entrenar cristianos para el apasionado trabajo de siervos, trabajando en el cuerpo de Cristo, la Iglesia, hasta que todos nos movamos rítmica y armónicamente en conjunto, con eficiencia y con gracia en respuesta al hijo de Dios, adultos plenamente maduros, plenamente desarrollados en lo interior como en lo exterior, plenamente vivos como Cristo.

Que no haya infancias prolongadas entre nosotros, por favor. No toleraremos niños ni bebés que sean blanco fácil para los impostores. Dios quiere que maduremos, que sepamos toda la verdad y que la comuniquemos con amor—que seamos como Cristo en todas las cosas. Nosotros tomamos nuestra iniciativa de Cristo, que es la fuente de todo lo que hacemos. El mantiene la concordia entre todos nosotros. Su propio aliento y sangre fluyen a través de nosotros, nutriéndonos para que podamos crecer saludablemente en Dios, robustecidos en amor ...

Miren lo que Dios hace, y luego háganlo ustedes, como niños que aprenden de sus padres a comportarse como deben. Lo que hace Dios es sobretodo amarnos. Manténganse en compañía de él y aprendan a vivir una vida de amor. Observen cómo Cristo nos amó. Su amor no fue caute-

loso sino extravagante. No amó para obtener algo de nosotros sino para darnos todo de sí. Amen ustedes de esa manera..

¡Alcanza!

1

Alcanza y experimenta

Les pido que con los pies bien puestos en el amor, sean capaces de recibir junto a todos los cristianos la extravagante dimensión del amor de Cristo. ¡Alcancen y experimenten su anchura y su aliento! ¡Examinen su alcance! ¡Sondeen sus profundidades! ¡Asciendan a sus alturas! Vivan una vida plena, plena en la plenitud de Dios.

Efesios 3:17-19
El Mensaje

Sí, hay vidas que logran elevarse a alturas definitivamente más sublimes que otras...

Hannah Hurnard

La experiencia y la comprensión están íntimamente ligadas. Por el camino de la experiencia se llega a la comprensión. No se puede conocer la anchura, la longitud, la profundidad ni la altura del amor, ni de ninguna otra cosa, sin antes haberla experimentado o vivido.

La versión Reina-Valera de la Biblia traduce de la siguiente manera la esperanza y la plegaria del apóstol Pablo por los seguidores de Cristo: "Oro para que puedan tener el poder de comprender..." Nótese que la palabra "puedan" no se utiliza en el sentido de "tal vez", es decir, no existe ambigüedad alguna, pues da a entender un sentido de probabilidad o posibilidad. ¡Tú puedes comprender!, ¡Tú vas a comprender! Tú puedes alcanzar y experimentar *más de lo que nunca te imaginaste o pediste en tus más dorados sueños.* Tú puedes conocer el amor y el poder de Dios más allá de cualquier duda. Está al alcance de tu mano. Lo puedes vivir. En otras palabras, el balón está en tu lado de la cancha y te toca a ti hacer la próxima jugada—de modo que ¡hazla! Nada de preguntas, ni vacilaciones, ni excusas, ni temores, ni vergüenzas. ¡TIRA LA PELOTA DE UNA VEZ! Tienes el permiso, la capacidad y la posibilidad. Es una oportunidad única de "convertir".

Cuando era joven, solía jugar mucho al baloncesto. ¡Puede decirse que hasta vivía en la cancha. Amaba ese deporte y aunque me faltaba estatura, tenía un tiro certero. Podía encestar en el aro medio a medio, con una trayectoria perfecta del balón, que apenas rozaba la malla.

En la clase de gimnasia era conocido por ganar las competencias de tiro al cesto y podía retar a cualquiera, ya fuera alto, bajo, corpulento o delgado en el deporte gimnástico del potro, pues siempre ganaba. Compensaba mi falta de estatura con la precisión y coordinación. Cuando las graderías estaban vacías, me elevaba por sobre la competencia. Yo era el "Rey del campo", por decirlo así. Por otro lado, sin embargo, cuando las graderías estaban llenas y había más jugadores en la cancha, sentía el peso de lo que yo consideraba mis limitaciones. Comencé a dudar y a excusarme y permití que mis sentimientos de inadecuación y mi temor se apoderaran de mí. Me paraba en el área sintiendo mis entrañas temblar y cuando finalmente me decidía a lanzar, lo hacía con una actitud de "ojalá" pueda hacerlo. Ojalá no me vea torpe. Ojalá no la erre por mucho y, saben, generalmente no la erraba por mucho.

Gracias a Dios, a medida que crecí, mi confianza fue aumentando. Comencé a creer que realmente podía encestar el balón. Antes de lanzar, podía visualizar la caída perfecta en la canasta. Desarrollé mi propia "fórmula de visión" ¡Y funcionó! Comencé a hacer los lanzamientos y me sorprendió el hecho de que la mayoría de las veces encestaba. Con el cambio en mi actitud, el "ojalá" en mi juego de baloncesto se convirtió en un "puedo". Puedo experimentar el éxito. Puedo comprender el instante, la longitud y la anchura de un lanzamiento hecho con precisión. Yo puedo saber qué se siente cuando uno hace un lanzamiento ganador en un campeonato. Puedo encumbrarme a las alturas del baloncesto, recibir el trofeo y regocijarme en la gloria del momento. Yo *puedo*, yo lo *hice* y nadie ni nada podrán quitarme esas pequeñas victorias.

Si bien mis "sueños de baloncesto" fueron emocionantes y maravillosos, yo sé que puedo experimentar las increíbles dimensiones de algo mucho mayor e infinitamente más importante, de algo que conlleva posibilidades eternas, una gloria que nunca se desvanece y una corona que nunca pierde su esplendor. Puedo tomar en mis manos este algo de sumo valor que me dará una victoria total. Para ello sólo debo alcanzar.

Apropiémonos de la promesa

La mayoría de nosotros no ha asimilado completamente las asombrosas dimensiones de las promesas de Dios. No hemos asumido la totalidad de lo que puede ser nuestro. No estamos experimentando las posibilidades ilimitadas que se presentan ante nosotros. Como se dice en las Escrituras, Dios puede (tiene la capacidad de) hacer cualquier cosa. Dios puede hacer mucho más (excesiva y abundantemente) de lo que pudiéramos imaginar o creer (más de lo que pudiéramos pensar o pedir) en nuestros sueños más increíbles. Se nos desafía constantemente a "alcanzar, experimentar y comprender" la plenitud de Dios. Una vez que lo hayamos logrado—todos juntos—no existirán límites para lo que Dios pueda hacer en nuestras vidas y en nuestros ministerios y no existirán límites para lo que Dios pueda hacer en la vida y en la misión de este Ejército.

Esta convicción es la esencia misma de un anteproyecto llamado ¡Unidos sin Límites! Visión 7∞7, que puede revolucionar este territorio, permitiéndonos alcanzar nuevas alturas y llegar al nuevo milenio con renovada energía, propósito y vitalidad. Es el plan de renovación de Jesucristo para el siglo 21. Espero y ruego que leas y absorbas este mensaje, que ores y lo apliques a tu vida. Unidos podemos dejar en este planeta una huella que llegue muy lejos y dure por siempre. Unidos podemos ganar el juego más importante que se haya jugado jamás, podremos saborear la victoria, regocijarnos en la gloria de Dios y cobrar el premio.

Lo primero es "tener los ojos puestos en el premio". Debemos alcanzar y comprender, abrir nuestras mentes, nuestras manos y nuestros corazones a todo lo que Dios nos tiene reservado. Cada soldado debe creer en sí mismo y en el Ejército. Además, debe creer que puede experimentar las "extravagantes dimensiones" del amor de Cristo. Cada soldado debe comprender esta visión y creer que realmente no existen límites para lo que Dios puede hacer a través de nosotros. Pues si realmente creemos esto y lo vivimos y experimentamos, no seremos víctimas de las limitaciones que nos suelen avasallar. Romperemos la barrera de las limitaciones armados del poder del Espíritu de Dios que realiza su obra en medio de nosotros.

2

Alcanza y Conecta

Has de saber que Dios puede hacer cualquier cosa—¡mucho más de lo que puedes imaginar, adivinar o pedir en tus más dorados sueños!

Efesios 3:20
El Mensaje

Trátese de un único y breve encuentro, o bien de un compañerismo diario a lo largo de los años, la comunidad cristiana es nada más ni menos que eso. Nos pertenecemos los unos a los otros, sólo por medio y a través de Jesucristo.

Dietrich Bonhoeffer

Si somos sinceros, la mayoría de nosotros debiera admitir que no hemos "alcanzado ni experimentado plenamente". No hemos asumido el poder dinámico del Espíritu Santo de Dios en nosotros. No hemos aprendido a confiar y a someternos a la obra misteriosa y sorprendente de Dios en nuestras vidas. Y esto ¿por qué? El capítulo cuarto del libro de Efesios nos ofrece algunas claves.

La transición entre comprensión y conexión debiera ser natural y espontánea. Si entendemos algo, debiéramos ser capaces de establecer las conexiones necesarias y aplicar este entendimiento a la forma en que vivimos nuestras vidas. Sin embargo, en la vida cristiana no resulta nada fácil realizar esta transición. Efesios 3:18 nos recuerda que: comprender con todos los santos es conectarse con todos los santos. Experimentar con todos los santos es explorar con todos los santos. Quizás es éste el punto central del tema. No hemos alcanzado ni experimentado plenamente porque no estamos conectados con todos los santos; tampoco hemos estado estableciendo una conexión importante entre nosotros, ni estamos alimentando el don de comunidad cristiana y de misión compartida que nos ha otorgado Dios.

Así como no existen equipos de baloncesto o fútbol compuestos por una sola persona, tampoco existen en la vida cristiana equipos de un solo miembro, pues nunca se pretendió que fuera una búsqueda solitaria. El orgullo del Estado de Louisiana no es "El Santo de New Orleans", sino "Los santos de New Orleans." Cuando ganamos el campeonato de baloncesto en la secundaria, no fue porque yo hiciera el tiro ganador, sino porque los otros cuatro compañeros en la cancha, cada uno con diferentes talentos y habilidades, comprendieron sus roles y se conectaron entre ellos en una combinación ganadora. Del mismo modo, no se trata de "El Santo del Ejército de Salvación", sino de "Los santos del Ejército de Salvación". La vida en Cristo no es una obra solitaria. Abrir nuestros corazones y nuestras vidas para incluir a todos es un componente necesario para poder romper la "barrera de las limitaciones".

Las conexiones de Jesús

Parece ser que Jesús comprendió y enseñó este principio a cabalidad. Si analizamos sus prioridades, podemos ver que su primera acción fue reunir a un grupo de hombres de distintas características, quienes posteriormente fueron sus discípulos, con el fin de establecer conexiones vitales con ellos. Estos hombres formaban su "equipo", cada uno con un rol único e importante que desempeñar. Jesús sabía que no era posible romper la barrera de las limitaciones sin ellos.

¿Cuál era la conexión que existía entre este grupo de hombres de procedencias diversas? No era, por cierto, laboral; puesto que Jesús era carpintero, mientras que muchos de ellos eran pescadores. No era una conexión profesional ni económica, pues uno era recaudador de impuestos y otro, doctor. Tampoco se trataba de personalidad o comportamiento. Si alguna vez existió un grupo de tan diversas características, éste ciertamente lo fue. La relación que los unía no se basaba en ninguna de estas categorías, sino en algo más profundo. Sus conexiones eran invisibles, pero reales; espirituales en su fundamento y con una expresión que se cristalizaba en un sentido de misión.

Durante todo su ministerio, Jesús logró establecer conexiones que cambiaron la vida de las personas más disímiles. En el proceso de "crear santos", Jesús rompió todas las barreras y prejuicios de lo que se tenía por gente "aceptable". Se mezcló intencionadamente con los parias, desde Zacarías, el pequeño recaudador de impuestos, hasta la promiscua mujer samaritana con la que habló junto al pozo. Reclutó a Nicodemo, uno de los judíos más sabios y respetados, junto con uno de los nobles a cuyo hijo había salvado. Incluyó al leproso, el mendigo, la viuda y a un sinnúmero de otros marginados en su siempre creciente círculo de conexiones. Más allá de sus características humanitarias, Jesús tenía poco en común con este grupo tan disímil, pero sus conexiones fueron tan profundas que, junto con sus enseñanzas, sus seguidores aprendieron a conectarse entre ellos. En efecto, aprendieron que ésta era la señal única y verdadera de que pertenecían a él.

El Poder y la atracción de una conexión

Este proceso de conexión es complejo. Considera esta premisa. Hay personas con las que se establece una conexión inmediata, pues desde el primer encuentro se sienten unidos el uno al otro. Aun cuando hayamos conocido a esta persona por un corto período de tiempo, podemos presentarla como nuestro "nuevo mejor amigo." Podemos parecernos tanto como el día a la noche, pero por alguna razón se produce un "clic." ¿Has tratado de analizar cuál podría ser la razón de este hecho? ¿Por qué sucede esto sólo con algunas personas? ¿Cómo funciona este fenómeno de la interacción humana?

Los seres humanos establecen conexiones a distintos niveles, tanto en lo espiritual como en lo social, profesional, intelectual, y recreativo. Podemos conectarnos con una persona en un nivel y no en otro. Y hasta puede que no logremos establecer conexión alguna con ella. Sin embargo, existe un nivel de conexión que va más allá de la coincidencia de vivir en un mismo lugar o de compartir ciertas preferencias. Jesús se conectó con las personas en un nivel espiritual y es a ese nivel que, sin importar la diversidad de nuestras personalidades y experiencias, podemos seguir el camino que él nos ha indicado. Debemos seguir este camino si queremos que prospere nuestro ministerio y que nuestra misión "alcance nuevas alturas". Debemos seguir su camino si queremos romper la "barrera de las limitaciones". Con Jesús como nuestro guía, podemos encontrar nuevos y significativos caminos para conectarnos entre nosotros y para darle forma y substancia a nuestros objetivos comunes. Consideremos algunos ejemplos del poder y la atracción de la conexión espiritual.

El movimiento por los derechos civiles en los Estados Unidos trascendió las categorías de raza y color. La desigualdad y la injusticia fueron los denominadores comunes. La valiente actitud de Rosa Parks, que rehusó cambiarse a la parte posterior de un autobús, halló eco en el pensamiento y en los sentimientos de muchos, más allá de toda distinción de raza o color. El punto de coincidencia era la igualdad. Más allá de las etnias, la edad, el sexo y la preferencias religiosas, el clamor general era por la justicia. Rosa Parks y los demás activistas que abrieron brecha en la lucha por los derechos civiles no estaban conectados por lazos sociales, intelectuales o profesionales con todos aquellos que se acogieron a esta causa, pero las conexiones espirituales eran reales y ellas le dieron vida a un movimiento que ha transformado al mundo.

Cuando Elizabeth Cady Stanton, Susan B. Anthony y Lucretia Matt desafiaron a los hombres y mujeres que se reunieron en Seneca Falls en la primavera de 1848 con su foro sobre la igualdad y la responsabilidad, su mensaje trascendió las diferencias entre los sexos. Arraigada en el movimiento abolicionista, la idea de la igualdad para las mujeres repercutió en otros movimientos civiles por la justicia social que estaban en fermento en el país. Las conexiones éticas y espirituales que llevaron al sufragio femenino se forjaron a partir de una amplia y representativa sección de la población norteamericana. Esto cambió para siempre la cara de la política y la cultura de los Estados Unidos.

Las diferencias de clase y de doctrina no fueron las conexiones que llevaron a la creación del Ejército de Salvación. Al contrario, fue un sentimiento común de preocupación por el pobre unido a un intenso fervor evangelístico. Cuando Catherine Booth dijo "¡Nunca!", esta palabra profética comenzó a hacer eco en las vidas de muchas personas que en el fondo eran del mismo parecer que ella. Muchas de ellas habían sido privadas de sus derechos civiles y estaban deshumanizadas por la revolución industrial. Otras estaban profundamente afectadas por la difícil situación de sus compañeros y por la injusticia que veían a su alrededor. Un intenso sentimiento de consternación ante la injusticia los unió a todos ellos, a pesar de sus diferencias. William y Catherine Booth no estaban conectados social, intelectual o profesionalmente con muchos de los que se identificaban con su movimiento. Hoy en día es legendaria la diversidad de quienes se adhirieron a la causa. Joe "el Turco", Elijah Cadmen, Beer Barrel Jimmy y muchos otros individuos con características únicas estaban conectados por un propósito y objetivo común, que trascendía las diferencias de clase, ingresos, profesión, personalidad, hábitos y preferencias. La suya era una conexión espiritual, una intensa y profunda pasión que los inspiraba a todos por igual. Nosotros podemos recuperar esta conexión si queremos romper la "barrera de las limitaciones".

Los lazos del amor

Nosotros podemos alcanzar y experimentar—¡podemos encontrar la conexión! No existen límites cuando nos reunimos y nos conectamos para lograr un propósito y objetivo común. Las barreras desaparecen si aprendemos que la conexión espiritual es la más importante y que ella es eterna. La madurez cristiana se transparenta en nuestra disposición a superar los prejuicios que se nos ha querido inculcar en cuanto a las diferencias de personalidad, nacionalidad y preferencias de todo tipo, y en nuestra disposición a conectarnos entre nosotros como un todo unido en Jesucristo.

Una corriente de pensamiento entre los estudiosos del crecimiento de las iglesias—bien intencionada, equivocada—sostiene que las iglesias sólo pueden crecer en grupos homogéneos de población; es decir, por ejemplo, que los miembros de una generación o grupo se pueden conectar entre sí, pero no con los miembros de otras generaciones o grupos, y que no existen otras opciones a esta supuesta regla. Aunque haya algo de verdad en este planteamiento, el problema no es tan simple. Por cierto, existen preferencias culturales y generacionales y estilos que nos atraen. Para mí, Frank Sinatra siempre cantará mejor que Sting y las Spice Girls. Kevin Costner no supera a John Wayne. Y, si se trata de elegir entre Billy Graham y Bill Hybels, elijo al primero. Debemos reconocer la importancia que tienen estas preferencias y esforzarnos para que nuestro ministerio siga teniendo relevancia, pero esto no debe ser un impedimento para un mayor crecimiento. Nuestras diferencias pueden ser una guía educativa y de este modo, enriquecernos.

Si miras más allá del aspecto superficial de las iglesias que han sido descritas como "dinámicas" (es decir, activas y poderosas), encontrarás un lazo mucho más profundo que el de la mera semejanza generacional y el estilo. Si vas a Saddleback Valley, Crystal Cathedral o Willow Creek, descubrirás que existe una esencia vital en la vida de las comunidades, una especie de "adhesivo" sobrenatural que mantiene a estas congregaciones unidas. Esto es evidente si se analiza la composición de estas congregaciones, las cuales parecieran tener su acción enfocada en el grupo de personas que nació a la postre de la Segunda Guerra Mundial [los llamados "baby boomers"], cuando en realidad se trata de un grupo de personas que se encuentran congregadas para rendir culto y alabanza a Dios unidos en Jesucristo.

Rick Warren escribió un libro titulado *The Purpose-Driven Church [La Iglesia con un propósito]*. Este nombre lo dice todo. Nótese que no dice "La Iglesia con un programa" o una "generación" o un "grupo de gente". La clave es el propósito u objetivo que inspira a la Iglesia. Debemos reafirmar nuestro propósito común y luego conectarnos para, juntos, acercarnos al cumplimiento de una meta. Aunque el propósito del Ejército de Salvación no sea exactamente igual al de Willow Creek, o al de Saddleback Valley, poseerá el mismo efecto transformador sobre los individuos y las comunidades. Puede ser distinto en su forma, pero su efecto redentor será el mismo. Debemos encontrar el objetivo que nos une como Ejército y nos hace únicos en el cuerpo de Cristo, concentrarnos en lo que nos une e ignorar lo que nos separa.

Roger Craig estaba recién casado y en espera de su primer hijo cuando fue llamado a pelear en Vietnam. Al poco tiempo sufrió heridas graves, pues perdió sus piernas y brazos al explotar una mina bajo sus pies. Luego fue tomado prisionero de guerra en un campo llamado "Hanoi Hilton", donde pasó cuatro años. Cuando fue liberado, lo llevaron a la base Andrews de la Fuerza Aérea en Washington, junto con otros 250 prisioneros de guerra. Mientras la banda tocaba y la bandera flameaba, los prisioneros bajaban del avión para reunirse con sus seres queridos. Debido a sus heridas, Roger no bajó junto con los otros, sino que fue sacado por una salida posterior del avión, y fue llevado en una silla de ruedas hacia donde estaba su familia. A medida que se aproximaba, su hijito dijo: "Mamá, papá no tiene brazos, ¿verdad?" "No", contestó su madre, "los perdió en la guerra". Al verlo más de cerca, el niño preguntó de nuevo: "Papá tampoco tiene piernas, ¿verdad?" "No", respondió ella con lágrimas en los ojos, "también las perdió en la guerra". Luego, con la inocente compasión de la niñez, se acercó a su madre y dijo: "Mamá, no se lo digamos".

La mayoría de la gente, cuando se ve enfrentada a una situación extrema, centra su atención en lo obvio, en lo que falta, en las diferencias, en lo negativo, en lugar de lo positivo. Pero este niño cariñoso dijo: "Mamá, centremos la atención en lo que tiene, no en lo que no tiene". Del mismo modo, podemos aprender a concentrarnos en las áreas en que podemos establecer conexiones y no en las áreas que nos dividen, en las cosas que nos acercan, en lugar de las que nos separan.

Por medio del Espíritu de Dios que realiza su obra entre nosotros, podemos afirmar nuestra humanidad común y conectarnos en el sentido de un mismo propósito y objetivo en Jesucristo. Así podremos ser capaces de alcanzar y experimentar las extravagantes dimensiones del amor de Cristo. La gente nos mirará y sabrá que pertenecemos a él y seremos capaces de romper la barrera de las limitaciones en este territorio. ¡Podemos hacerlo! ¡Nuestras vidas mismas dependen de ello!

3

Alcancemos unidos

Vosotros fuisteis llamados a viajar por el mismo camino y en la misma dirección, y permanecer juntos, tanto en lo exterior como en lo interior. Tenéis un Señor, una fe, un bautismo, un Dios y Padre de todos, el cual reina sobre todos, y obra a través de todos, y está presente en todos. Todo lo que vosotros sois y pensáis está impregnado de Unidad. Como consecuencia de la generosidad de Cristo a cada uno de nosotros le ha sido dado su propio don.

Efesios 4:4-7
El Mensaje

Somos una familia en Cristo. Cuando nos convertimos en cristianos, nos encontramos entre hermanos y hermanas en la fe. Ningún cristiano es hijo único.

Eugene Peterson

En el pasaje de Efesios 4 cuya paráfrasis citamos arriba, Pablo hace énfasis en una importante verdad acerca de la fe cristiana, el valor de la comunidad: "No olviden que en esto estamos juntos", pareciera decir. Sin embargo, existe una **diferencia pequeña, pero evidente,** entre establecer una conexión y aprender realmente a actuar juntos, para lo cual todos necesitamos ayuda.

Viene muy al caso el ejemplo de dos hombres en una bicicleta de dos asientos que logran alcanzar la cima de un escarpado monte luego de mucho pedalear y sudar. Uno de ellos dice: "Fue un duro ascenso", y el otro responde: "Realmente lo fue, y si yo no hubiera estado apretando firmemente el freno, nos hubiéramos resbalado por el monte".

Por cierto, estos hombres se habían conectado a un nivel recreativo, pues ambos tenían el mismo interés en el ciclismo. Ellos habían planeado andar juntos en la bicicleta, pero no actuaron (¡o pedalearon!) juntos cuando la marcha se puso difícil y la pendiente cada vez más empinada. Aun cuando llegaron a su destino, el paseo no les resultó divertido y al final quedaron agotados y extenuados. Distinta hubiera sido la historia si ellos hubieran pedaleando en forma coordinada.

¡Cállate y ponte a remar!

Esta historia me recuerda una experiencia personal, una vez que con un grupo de amigos decidimos hacer un viaje río abajo en canoa por el Río Ruso. La historia gira en torno a tres parejas—tres matrimonies que, por lo demás, felices. Esta aventura acuática nos tenía muy emocionados y partimos cantando, con nuestros corazones llenos de armonía. Pero, al poco de haber empezado a remar, bien abrochados nuestros chalecos salvavidas y remos en mano, comenzaron a surgir los problemas.

Una de las parejas giraba en círculos sin llegar a ningún lado, porque remaban del lado equivocado de la canoa. Mi esposa y yo no podíamos evitar irnos hacia la orilla, chocando contra las rocas y los juncos y sufriendo magulladuras y arañazos en nuestro intento. Remábamos con todas nuestras fuerzas, pero no estábamos actuando ni tratando de mantenernos juntos. La canoa de la tercera pareja se volvía a dar vuelta una y otra vez y los dejaba totalmente empapados. Luego de varios de estos remojones, el orgullo de ambos quedó no menos remojado que su ropa. Aunque se esforzaban lo más que podían, no habían ideado de antemano la manera de remar en equipo y, en consecuencia, en la estrechez de la canoa y en la impotencia de sus esfuerzos, los ánimos comenzaban a caldearse. Ninguna de las tres parejas lográbamos llegar a ningún lado.

Luego de un rato de prolongada frustración, mi esposa Doris y yo logramos remar en sincronía. A medida que bajábamos por el río, pasamos a la primera pareja y oímos que uno de ellos le decía a su cónyuge: "Cállate y rema". Aunque ellos estaban conectados en el matrimonio, no lo parecían en absoluto en ese momento. De hecho, estaban totalmente desconectados.

Felizmente, puedo decir que después de 25 años estos matrimonios se mantienen intactos y florecientes, a pesar de aquella experiencia en el Río Ruso. Todos aprendimos una importante lección aquel día, cual es la del valor del trabajo en conjunto y de no darse por vencidos, aunque te encuentres en medio de los rápidos, las rocas y en una inmanejable canoa. También aprendimos que una relación productiva y vital de "trabajo en equipo" no surge de forma espontánea. Se necesita trabajar duro, persistir y tener mucha fe.

De la conexión al trabajo en conjunto

La "aventura de las canoas" demuestra claramente que la conexión no se traduce automáticamente en trabajo en conjunto. Como lo he dicho anteriormente, todos necesitamos ayuda en esto. Existen cuatro principios que creo que nos pueden servir de guía en esta importante transición de la conexión al trabajo en equipo.

1) Cuando la marcha se vuelve difícil, se necesita disciplina para continuar actuando en conjunto. Los seres humanos tendemos a reaccionar a nuestro modo cuando enfrentamos situaciones difíciles. Respondemos ante una amenaza inmediata sin pensar mucho en las consecuencias futuras. Desgraciadamente, la reacción a menudo tiende hacia lo negativo, a poner el pie en el freno y a detener todo progreso. Por otro lado, el tomar la precacaución de anticipar y planear un hecho de antemano, tiende hacia lo positivo. Significa planificar el curso a seguir y mantener la mirada bien fija en el objetivo. Para lograr esto, sin embargo, se necesita disciplina.

Si recordamos la historia de los agotados ciclistas, veremos que no tuvieron ningún problema mientras el terreno era parejo, pero al cambiar las condiciones, el ciclista de la parte posterior reaccionó sin pensar y apretó los frenos. Los ciclistas disciplinados habrían planeado su recorrido por anticipado, habrían tenido bien en mente la meta hacia la que se dirigían y, en consecuencia, hubieran considerado los obstáculos que se les presentarían en el camino para saber superarlos una vez que se toparon con ellos. Ambos habrían estudiado la misma página del manual y habrían planificado la forma adecuada de trabajar en conjunto y con eficacia para alcanzar la meta.

2) *Si se coopera del lado equivocado, aunque sea por buenas razones, no se llega a ninguna parte*: No importa lo bien intencionados que sean nuestros esfuerzos—andar en círculos no nos lleva a ninguna parte. Para avanzar en forma constante hacia adelante, debemos hacer pausas en forma regular, estudiar nuestros motivos y prioridades y analizar nuestros progresos. ¿Estamos avanzando? ¿Estamos sólo moviendo las ruedas? ¿Estamos haciendo lo correcto por una razón equivocada o estamos haciendo lo incorrecto por una buena razón?.

La primera canoa del relato anterior es un buen ejemplo de prioridades y métodos "confusos". Una de las personas en la canoa estaba haciendo lo incorrecto, pero por una causa correcta. Ambos querían avanzar y llegar finalmente al destino planeado, pero obviamente, no habían aprendido bien la manera en que se debe practicar el canotaje. Puede que a ellos les haya parecido algo lógico remar del mismo lado de la canoa— ¡pero de una cosa podemos estar seguros: no pretendían navegar en círculos!

Gritarse unos a otros no era la solución al problema. Esto sólo creaba una tensión mayor y empeoraba la situación. Insultarse tampoco era la respuesta, pues sólo producía disgusto y resentimiento. ¿Cuál era la salida para esta difícil situación? ¿Abandonar la canoa y nadar hacia la orilla?

La solución a este "dilema de la canoa" pudo haber sido dejar de remar, respirar hondo y razonar juntos, analizar la situación y estudiar las posibles alternativas. Esto no se logra fácilmente cuando los ánimos están excitados. En situaciones cargadas de emoción, la gente tiende a ver las cosas desde una perspectiva limitada y a adoptar una actitud defensiva. Las emociones intensas generalmente suelen descalabrar el pensamiento racional, el espíritu de compañerismo y la capacidad de reacción. Nuestros aventureros del Río Ruso se hubieran sorprendido de lo fácil que les hubiese sido dar con una solución inmediata si hubiera primado en ellos un pensamiento claro y sereno. Un poco de discusión y planificación de antemano no le hubiera hecho daño a nadie.

Un ejemplo que viene muy al caso es la tensión que suele producirse hoy en día entre las formas tradicionales de rendir culto y las contemporáneas, pues éste sí es un tema cargado de emociones. Ambas partes insisten en remar del mismo lado de la canoa, lo que crea divisiones en muchas iglesias, porque ambos quieren hacer predominar sus preferencias. Ambas partes insisten en que su postura es la correcta y la otra equivocada; ambas reman del lado incorrecto por las razones correctas. Ambas coinciden en que nuestra misión es "conocer a Dios y dar a conocer a Dios", pero difieren en cuanto a los métodos. Sin embargo, la diversidad no debiera ser un problema, pues cuando se la maneja de manera creativa, puede enriquecer nuestro culto colectivo. De un lado decir *¡Cuán grande es Él!* y, de otro, *¡Nuestro Dios es tremendo!*, son sólo distintas expresiones de la misma maravillosa realidad.

La coexistencia y la colaboración no se producen con facilidad, pero son las formas en que se manifiesta el amor. El trabajo en conjunto requiere compromiso. Por ejemplo, en la pugna entre lo tradicional y lo contemporáneo podría significar que se debe tratar de equilibrar dos estilos de culto en una misma reunión. O bien, podría hacerse que distintas congregaciones compartieran un mismo recinto de adoración, o que un grupo estableciera un cuerpo pionero en otro lugar distinto. Sea como sea, es importante fortalecerse de manera mancomunada en lugar de sofocarnos, orar en lugar resistir. Las soluciones surgen cuando actuamos juntos unidos en el amor, en lugar de adoptar una actitud antagonista, replegándonos sobre nuestras defensas y disparándonos unos contra otros.

En las áreas de tensión y desacuerdo es esencial un liderazgo equilibrado. Un líder equilibrado une a la gente con el objetivo de establecer un esfuerzo cooperativo. Un líder equilibrado no se pone del lado de nadie y no permite que sus preferencias personales imperen sobre las de la gente como grupo unido. Un líder equilibrado se preocupa más de la misión y del ministerio que de premiar o castigar las diferencias individuales. Un líder equilibrado envía una señal clara de que la mantención de la unidad es de máxima importancia y dirige la planificación, negociación, educación y aplicación de las pautas a seguir. Un liderazgo equilibrado es imprescindible para que se pueda romper la "barrera de las limitaciones".

3) Actuar juntos y sincronizadamente requiere práctica. ¡El trabajo en equipo requiere práctica! La convivencia entre las personas no ocurre espontáneamente, debemos trabajar para conseguirla y perseverar aun cuando las soluciones parecieran eludirnos. La cooperación no se logra porque compartamos el amor por el ciclismo, por el canotaje, por el helado de chocolate, o por Chopin. Mi esposa Doris y yo tenemos muchas cosas en común (Chopin es una de ellas), pero todavía debemos trabajar mucho para lograr entre nosotros ese "trabajo en conjunto". Hemos vivido juntos durante 35 años y ello todavía requiere esfuerzo y buena volutnad.

Nosotros nunca conseguimos dominar la canoa. Pudimos llegar a nuestro destino, pero hubo muchos desvíos y recibimos muchas magulladuras durante el recorrido. Si nos metiéramos en una canoa hoy, probablemente cometeríamos errores, remaríamos en círculos y chocaríamos contra las rocas, porque no hemos practicado el arte del canotaje en forma constante durante estos 35 años de nuestro matrimonio. En el mundo del canotaje nos hallaríamos fuera de sincronización pues este deporte requiere de práctica constante.

Cuando estuvimos una vez en Hawaii, solíamos trotar en un lugar llamado "La Isla Mágica". Este hermoso lugar es el centro de las carreras de canoas en la isla de Oahu. Ver a los deportistas en acción era asistir a una lección magistral de sincronización en equipo. El entrenador corría por la costa gritando un ritmo para que los deportistas en las canoas hicieran coincidir sus movimientos. Los atletas estaban en su mejor condición física, sus torsos eran fuertes y los habían ejercitado durante meses y años de entrenamiento intensivo. Sin embargo, al observarlos se hacía obvio que esa fuerza no era el factor más importante, sino el ritmo. Para ganar la carrera lo más importante era moverse juntos a un mismo ritmo, remar sincronizadamente, mantener la cadencia.

El mismo principio se aplica en nuestra vida de comunidad y misión. Por alguna razón, creemos que un consultor en crecimiento de la Iglesia, un nuevo programa impuesto desde arriba, un nuevo oficial o un nuevo edificio son el remedio para los problemas que nos aquejan. Nos gustaría creer que las soluciones son instantáneas y que con un abrir y cerrar de ojos se resolverán los puntos de conflicto que nos dividen. Me encantaría que esto fuera cierto, pero "no es tan fácil". Se necesita compromiso, disciplina y simplemente la voluntad de trabajar duro. La habilidad de actuar juntos en forma efectiva requiere de práctica, práctica y más práctica y aunque podamos mejorar con el tiempo, nunca lo llegaremos a hacer del todo y completamente bien. Esto, mis amigos, es un trabajo de toda la vida, pero es a la vez el trabajo más importante que haremos en toda nuestra vida. Es lo que nos permitirá romper la "barrera de las limitaciones". ~

4) Cada uno de nosotros debe cargar con su propio peso. ¡En esta canoa del Ejército no hay paseos gratis! Se debe distribuir el peso en forma equitativa, y cada persona debe contribuir con lo suyo. Si esto no ocurre, la canoa se volteará en un dos por tres. Una canoa volcada puede mantenerse a flote, pero es imposible que se llegue muy lejos en ella, para decir nada de lo incómodo y mojado que sería el viaje.

Yo no comparto el viejo proverbio que dice que "el 10 por ciento de las personas hace el 90 por ciento del trabajo". Aunque esto sea cierto en muchos casos, no debiera ser así. Si tú crees y practicas este principio, tu cuerpo no llegará muy lejos y el paseo no será en absoluto emocionante ni provechoso. De hecho, no sólo será un paseo infructuoso, sino que para remate incómodo y frustrante.

Mientras más alto sea el porcentaje de compromiso en cualquier empresa, mayor será la posibilidad de crecimiento y éxito. Considera los comienzos de este movimiento. El 90 por ciento de las personas hicieron el 110 por ciento del trabajo. Al momento mismo de ser convertida la gente, se le asignaba tareas. Los soldados debían "disparar el cartucho"[3] inmediatamente después de haberse enrolado. No había paseos gratis

---

[3] Expresión con la que los primeros salvacionistas indicaban el acto de pagar el diezmo [Notas de los traductores]

y es ésta una de las razones por las que el Ejército se multiplicó con tan sorprendente rapidez.

El trabajo redunda en obras. Albert Osborn expresa esta estrecha conexión en dos de sus himnos.

¡Qué obra ha hecho el Señor!
Por su gracia salvadora
Alabemos todos al Señor
En su santo lugar.
Nos ha salvado gloriosamente,
Nos ha conducido hacia adelante fielmente,
Y nos ha prometido que hemos de ver
Cosas aún mayores, (769, v. 1)

Nótese la transición en el siguiente himno:

Buscando intensamente salvar y sanar
Trabajando para ti, trabajando para ti;
Concédeme, oh Salvador, las marcas de tu fervor
Trabajando intensamente para ti. (484, v.1)

Aquél que nos salva es también aquél que nos dota para que podamos realizar buenas obras. Si de verdad hemos sido "salvados gloriosamente", el deseo de servir al Salvador brotará en nosotros naturalmente. Si hemos sido de verdad "salvados gloriosamente", estaremos dispuestos a actuar juntos para realizar la obra que Dios nos ha asignado y llegaremos a ser capaces de romper la "barrera de las limitaciones".

"Ellos han hallado una alegría..."

Tacio Cipriano comprendía el poder de la conexión que une a las personas y el poder del trabajo en conjunto. El nació en Cártago, en Africa del Norte, que era, en ese entonces, una provincia del Imperio Romano. Provenía de una familia muy distinguida de clase alta. Recibió una excelente educación seguida por una exitosa carrera en el servicio público.

La vida de Cipriano cambió radicalmente por el poder del Evangelio. Luego de este encuentro que transformó su vida, comenzó a trabajar de inmediato para el Señor. Posteriormente, fue elegido líder y andando el tiempo fue nombrado obispo de Cártago en el año 248 D.C. Durante los diez años de su obispado fue desterrado y perseguido muchas veces. Al igual que el apóstol Pablo, Cipriano consideró necesario ejercer su ministerio por medio de la correspondencia epistolar. Como resultado, muchos de sus escritos se encuentran disponibles para nuestra lectura hoy en día. Cipriano fue decapitado en el año 258 por rehusarse a quemar incienso a los dioses de Roma.

En una de sus cartas, escribió a un joven interesado. cuyo nombre era Donato, las siguientes palabras:

> Es un mundo malo, Donato, increíblemente malo. Pero he descubierto que hay en él personas sencillas y santas que han aprendido un gran secreto. Ellos han hallado una alegría que es mil veces mayor que la de cualquiera de los placeres que procede de una vida pecaminosa. Son despreciados y perseguidos, pero no les importa... Ellos han vencido al mundo. Estas personas, Donato, son los cristianos. Y yo soy uno de ellos.

¿Qué fue lo que unió a Cipriano con este grupo de personas? ¿Se había conectado con cada cristiano a nivel social, económico o profesional? Yo no lo creo. Lo que sí sé es que estaba conectado por un compromiso que le hacía posible soportar el clima de persecución en el que vivía. Estaba conectado con una alegría que sobrepasa todo entendimiento. Estaba conectado en un plano espiritual superior. El descubrió el secreto del trabajo en conjunto incluso en medio de la mayor diversidad. Este descubrimiento lo llevó a exclamar con orgullo: "Yo soy uno de ellos".

Transportemos esta verdad a través de los siglos hasta nuestros propios días, al umbral mismo del nuevo milenio que acabamos de cruzar. ¿Nos hemos logrado conectar entre nosotros a todos los niveles? Yo no lo creo. ¿Podemos conectarnos en función de un mismo propósito y objetivo? Yo así lo creo fuera de toda duda. ¿Podemos conectarnos en un plano espiritual? ¡Absolutamente! ¿Podemos lograr un mejor Ejército juntos? ¡A no dudarlo!

Existe una infinidad de personas en el mundo de hoy que se baten a diario contra la angustia de la soledad en que viven y contra la falta de sentido del mundo. Hay personas que desean desesperadamente conectarse con alguien, con algo, con algún lugar—y que desean formar parte de algo superior a ellos. Muchas personas están a la busca de una vida llena de sentido y que les sea una fuente de alegría. Si se les da la oportunidad, muchos de ellos se sentirían dichosos de poder conectarse con el Ejército de Salvación y exclamarían con orgullo, "Yo soy uno de ellos". Sin embargo, antes de que esto pueda ocurrir, debe comenzar contigo y conmigo. Debemos rescatar el objetivo y la pasión de hacerlo una realidad.

Nuestra emoción y nuestra esperanza debe ser evidente de modo tal que todo el mundo lo pueda notar en nosotros. Debemos renovar nuestro sentido de misión, nuestra convicción de sentirnos llamados a servir, y nuestro compromiso con el Ejército. Debemos volver a experimentar la emoción de aquellas palabras: "¡Yo soy uno de ellos!"

Creo que todo se reduce a esto: "Yo soy uno de ellos". En esto estamos juntos. Si logramos captar esta realidad, seremos capaces *de asimilar con todos los cristianos las extravagantes dimensiones del amor de Cristo.* Recuerda, *Dios puede hacer cualquier cosa, ¡mucho más de lo que puedes haber soñado, imaginado o pedido en tus más dorados sueños! Esto no lo hace forzándonos a ello, sino obrando dentro de nosotros...*

Verdaderamente... ¡Unidos sin límites!

Puntos para reflexionar y dialogar

En este nuevo milenio:

- ¿Cuáles son algunos de los cambios sociales y culturales en nuestra actualidad que requieren de una nueva respuesta de la comunidad cristiana?

- En esta época de la historia, ¿por qué es tan importante que el Ejército de Salvación esté dispuesto a realizar los cambios necesarios?

- Identifica aquellos rasgos del Ejército que no debieran cambiar. ¿Dónde encontramos nuestra verdadera identidad?

Las extravagantes dimensiones:

- En Efesios 3:17-19, Pablo describe que las dimensiones del amor de Cristo lo abarcan todo en anchura, profundidad, altura y extensión. ¿Cómo podríamos llegar a sentir y comprender la verdad de esta afirmación?

- ¿Qué le sucede a una persona cuando comienza a asimilar el poder y la gracia avasalladora de Dios?

- ¿Qué sucede en una comunidad de cristianos cuando éstos comienzan a pensar en términos de posibilidades en lugar de limitaciones—cuando comienzan a asumir en sus propias personas la promesa que Dios les ha hecho de una vida de plenitud?

Comunidad y conexión:

• La Iglesia es como un organismo viviente. ¿Qué le sucede a este cuerpo cuando se forman bandos y se destruyen las conexiones entre la gente?

• ¿De qué manera es Jesús nuestro modelo para establecer conexiones? ¿Cuál fue la base de sus conexiones con la gente?

• ¿Cuáles son los componentes cruciales en una relación eficaz de "trabajo en equipo?" ¿Por qué es tan importante que nosotros los cristianos entendamos y apliquemos a nuestras vidas estos principios?

Preguntas para el consejero:

• ¿Cómo se desempeña tu cuerpo en las siguientes áreas:

1) ¿Disposición al cambio?

2) ¿Voluntad de servir a la comunidad y establecer conexiones?

3) ¿Trabajo en conjunto para un objetivo común y una misión compartida?

   ¿En qué áreas te pudieras desempeñar mejor? ¿Has formulado una declaración de la visión del Ejército que sea de conocimiento de todos? ¿Estás esforzándote por llevar a cabo usted la realización de esa visión?

• ¿Cómo has estado viviendo y sintiendo la plenitud de Dios? Identifica algunos objetivos que puedan ayudarte a experimentar de forma más eficaz las "dimensiones extravagantes" del amor de Cristo.

¡Levántate!

4

Conectados ... en oración

Hermanos, orad por nosotros.

1 Tesalonicenses 5:25

Es verdad, la oración no es más que amor.

San Agustín

Cuando viene una tormenta en Alaska, la flota pesquera encuentra refugio en una ensenada bien resguardada y amarra sus embarcaciones unas con otras. Protegidas y seguras, las débiles lanchas son capaces de soportar los fuertes vientos y las grandes olas. Se mantienen a flote gracias a la seguridad que les brinda el espíritu de unidad. Con una tripulación entusiasta y ansiosa a bordo, pronto consiguen rotornar a los lugares de pesca abundante—con todos sus aparejos intactos. Es de esa misma forma que nosotros debemos apoyarnos mutuamente, fortaleciéndonos unos a otros a través del poder de la oración comprometida. Debemos convertirnos en un refugio para los demás durante las inevitables tormentas que nos traerá la vida.

¡Debemos estar conectados en oración! Esta es la fuente de todo lo que somos y esperamos ser. El apóstol Pablo oró por su gente. El se arrodillaba regularmente ante Dios a pedirle que sus hermanos cristianos fueran fortalecidos. Necesitamos que otros oren por nosotros con regularidad y que pidan en sus oraciones que Dios nos dé fuerza y nos llene de poder para realizar nuestro trabajo. Debemos trabajar consciente e intencionadamente con el fin de formar una red de personas que oren para que nos sintamos fortalecidos, y para que a nuestra vez nosotros también oremos por ellas. Quizás no estamos "viviendo con plenitud" porque nuestras oraciones han sido limitadas. Si queremos alcanzar el triunfo en nuestras vidas y ministerios, debemos fortalecer nuestras conexiones a través de la oración.

De poder en poder

"Bienaventurado el hombre que tiene en ti sus fuerzas ... irá ... de poder en poder..." El escritor del Salmo 84 emprende una peregrinación a Jerusalén. Su meta es el Templo. El no puede depender de la fuerza que solía tener para alcanzar su meta. Necesita fuerza para el día de hoy si es que pretende proseguir con su peregrinación. Nosotros también hemos emprendido una peregrinación y en este viaje no podemos depender de nuestras propias fuerzas. El camino es a veces traicionero y el peligro nos acecha a cada paso. Necesitamos una red de personas que nos puedan ayudar. Necesitamos que otros oren para que seamos fuertes porque, como dice el Salmo 84, queremos ir "de poder en poder".

Cuando Pablo oró por los cristianos de Efeso, él les pidió de manera extravagante "... que ustedes sean capaces de captar las extravagantes dimensiones..." El no fue tímido ni se disculpó por su demanda, sino que acudió a Dios con sus mejores y más elevados deseos por la salud espiritual de su pueblo. Queremos compañeros de oración que sean enfáticos y extravagantes a la hora de pedir por nosotros. ¡Quiero que sean extravagantes tanto en la cantidad de oración como en la cantidad de compañeros de oración! Mientras más gente ruegue por mí y mientras más extravagantemente lo haga, mejor. Si queremos que las limitaciones se disipen, debemos ensanchar nuestra red de genuinos y extravagantes compañeros de oración que oren específicamente para que tengamos la fuerza y los recursos que necesitamos a diario.

También quiero compañeros de oración que puedan conectarse conmigo a un nivel profundo. Quiero compañeros de oración que experimenten lo que yo experimento, que se sientan identificados con lo que me está pasando, que sean mis almas gemelas. Pablo estaba profundamente conectado con los cristianos de Efeso. El había experimentado lo que ellos habían experimentado. El había pasado por lo que ellos estaban pasando, y había hecho lo que ellos estaban haciendo.

Pablo no estaba conectado social, intelectual o profesionalmente con todos los miembros de la iglesia de Efeso. Probablemente había algunos que eran un poco más tradicionales en su forma de adorar a Dios de lo que a él le hubiese gustado. Había algunos que aún se aferraban a las viejas tradiciones judías, incluso en el nuevo mundo del Evangelio. Pablo se sentía conectado con las persecuciones y apuros que los cristianos de Efeso estaban sufriendo y en consecuencia supo ofrecerles palabras de aliento e inspirarlos apoyándolos en oración. Esta forma especial de conexión a través de la oración resultó poderosísima para vencer los obstáculos y superar los límites.

Lo que le permitió a la Iglesia primitiva multiplicarse y extenderse con tan sorprendente rapidez fue la profunda conexión entre sus miembros. Los discípulos no sólo estaban conectados con Cristo sino que también lo estaban entre ellos mismos. Aquellos que habían sido curados de enfermedades o debilidades no sólo estaban conectados con Cristo, sino que también lo estaban entre ellos mismos. Aquellos que habían sido liberados de la esclavitud no sólo estaban conectados con Cristo, sino que también lo estaban entre ellos mismos. Aquellos que eran perseguidos no sólo estaban conectados con Cristo, sino que también lo estaban entre ellos mismos. Existía un intenso espíritu de camaradería entre los primeros cristianos gracias a esta conexión. En un mundo que les era hostil a ellos y a su incipiente religión, encontraron la paz y el poder que necesitaban en el refugio de la camaradería. Unidos por las mismas experiencias, Pedro, Pablo, Juan, Timoteo y Silas oraron unos por otros. Incluso en los trances más dolorosos de la persecución y el encarcelamiento, se sintieron identificados y espiritualmente unidos unos con otros.

En un principio, Pablo no se sintió conectado con los cristianos porque no había tenido aún la experiencia de un encuentro transformador con el Cristo viviente. De hecho, él era una parte del sistema opresivo que generaba persecución e injusticia contra los cristianos. Después de su conversión, las cosas fueron muy diferentes. Se interesó profundamente por la lucha de sus compañeros cristianos y por la injusticia que estaban sufriendo, lo que lo motivó a trabajar y orar por ellos.

Se había forjado una conexión espiritual, una conexión que había de cambiar radicalmente el mundo para siempre.

Un "mismo sufrimiento"

Los primeros salvacionistas compartían un intenso espíritu de camaradería debido al poder de conexión. Un sentimiento sofocante de desaliento y desesperación impregnaba el aire brumoso del sector este de Londres. Aquellos que se habían visto liberados de esta desesperación no sólo estaban conectados con Cristo, sino que también lo estaban entre ellos mismos. Aquellos que habían encontrado una nueva esperanza no sólo estaban conectados con Cristo, sino que también lo estaban entre ellos mismos. Aquellos que estaban por fin experimentando la emoción de la victoria no sólo estaban conectados con Cristo, sino que también lo estaban entre ellos mismos. Se identificaban y se sentían unidos espiritualmente entre sí. Oraban los unos por los otros. Se animaban unos a otros. Cuando uno estaba deprimido, se juntaban todos para ayudarlo. El catalizador de esta conexión espiritual era la oración frecuente y fervorosa.

Esta misma relación de causa y efecto existe hoy en día. Donde encontramos una iglesia vital, encontramos conexión expiritual entre sus miembros. Desafortunadamente, no estoy seguro de que seamos plenamente conscientes de esta unidad dentro del Ejército. Estoy convencido de que no estamos haciendo un esfuerzo consciente y concertado para crear estos poderosos lazos de oración y de compañerismo. Esta falta de conexión en nuestra vida de oración comunitaria está inhibiendo nuestro poder. Aquellos de nosotros que hemos ascendido un peldaño o dos en la escala social o profesional deberíamos estar profundamente preocupados por la difícil situación en que viven los demás, y nuestra indignación debería canalizarse hacia una acción creativa y hacia una oración comprometida.

Las conexiones que mueven a la acción a un grupo de personas que piensa de manera similar suelen generar un poder enorme. La organización de Madres Contra el Manejo en Estado de Ebriedad es un perfecto ejemplo de lo que puede suceder cuando la gente une sus fuerzas y su pasión para un fin común. Creada por madres que se sienten conectadas por un mismo sufrimiento, esta organización ha transformado su indignación colectiva en acción, y ha llegado a constituirse en una fuerza positiva y poderosa en nuestra sociedad.

De forma similar, Alcohólicos Anónimos fue creado por hombres y mujeres que compartían un mismo sufrimiento. Su indignación colectiva es contra los efectos debilitantes del alcohol y contra la destrucción que causa en los individuos que sufren de esta adicción y en sus familias. Gracias a su preocupación compartida, ha surgido una valiosa arma para hacerle la guerra a las adicciones. Dentro de esta red de grupos de apoyo, cada miembro está conectado y se siente apoyado y fortalecido por el cariño y las oraciones de los demás.

Doris y yo estamos conectándonos con personas con quienes no tenemos nada en común excepto el siniestro espectro del cáncer. Habiendo sido ambos de nosotros víctimas de esta insidiosa enfermedad, podemos conectarnos con los altos y bajos que viven quienes la padecen. Afortunadamente, ambos somos sobrevivientes del cáncer (sin síntomas por más de cinco años) y podemos identificarnos con aquellos que se sienten agradecidos por cada día que viven. Nosotros somos de los pocos que han tenido la fortuna de experimentar el milagro de habernos sanado y sabemos lo maravilloso que eso puede ser para una persona. Nos hemos sumido en las profundidades y hemos remontado a las alturas. Estamos profundamente conectados con otras personas que luchan constantemente por superar esta enfermedad y oramos a diario por ellos. Hemos desarrollado una red de oración con personas que se identifican con nosotros porque han sufrido la misma aflicción y otros que se conectan a esta red sólo porque es algo que despierta su compasión.

En el otoño de 1993, Doris recibió el diagnóstico de cáncer de seno. Esto nos causó un pavor difícil de expresar en palabras. Debía operarse dentro de pocos días y empezamos a prepararnos para esa eventualidad estresante y para saber el alcance de la invasión de las células cancerosas. Oramos intensamente y tratamos de confiar en la infinita sabiduría y amor de Dios. Un día antes de la cirugía, Doris recibió una llamada telefónica de quienes eran en ese entonces el comandante y el presidente territorial de las organizaciones de mujeres en el Territorio Oeste, los comisionados Paul y Kay Rader. "Sólo queremos decirle que estamos orando por usted", le dijeron. "Vaya", pensó Doris, "¡el comandante territorial está orando por mí!" Poco después de esa llamada telefónica, ella recibió una llamada de la generala Eva Burrows. "Estoy orando por usted", le expresó la generala. "Vaya", pensó Doris nuevamente, "La generala está orando por mí". En el camino al hospital el día de la cirugía, Doris prendió la radio y escuchó a Chuck Swindoll en la mitad de una frase diciendo, "Jesús está orando por ti". "Vaya", pensó Doris agradecida, "Jesús está orando por mí y más alto no se puede llegar". El momento en que las "ondas radiofónicas" le traían esos mensajes sintió que todo era perfecto y que la conexión era perfecta. Ella se sentía apoyada por todos aquellos que compartían su sufrimiento y ... ¡aun por el mismo Jesús! Esa fue una combinación poderosísima que la fortaleció entonces y que sigue fortaleciéndola hoy. *La conexión con los demás es una fuente de poder y curación.*

Podemos conectarnos los unos con los otros de diferentes maneras y a varios niveles. Más que seguro, hay personas en tu círculo de amigos y conocidos con quienes compartes un "mismo sufrimiento". Puede tratarse de algo tan complejo como el cáncer o tan simple como el acné (¡no tan simple para el adolescente que trata de esconder esos desagradables brotes!) Puede ser tan complejo como la pérdida de un ser querido o tan simple como la pérdida del cabello. Puede ser tan complejo como un rompimiento matrimonial o tan simple como un hueso roto. Cualquiera sea el punto de conexión, empieza a sumar esas personas a tu lista y conéctate con ellos a través de la oración. Invítalos a que agreguen tu nombre a su propia lista. ¡Pide con extravagancia! Pide que ellos se vean fortalecidos, cualesquiera sean las circunstancias en que se encuentren. A través de estas conexiones, un "mismo sufrimiento" puede ser transformado en una "misma alegría".

El latido espiritual

La oración le dará una base sólida a la disciplina, a la planificación, a la práctica y a la obra que estás tratando de hacer parte de tu vida diaria. La oración te animará y te ayudará a concentrarte más claramente en esos objetivos espirituales. La oración es el pulso, el latido, la vida misma de este territorio y por ello debemos nutrirla y fortalecerla. Es parte fundamental de todo lo que somos o intentamos llegar a ser algún día. Representa la sangre que nos da vida y marcará el ritmo espiritual que nos llevará a realizar todo lo que nos hemos propuesto. El poder de Dios fluirá a través de nosotros por medio del poder de la oración y nos conectará colectivamente en torno a una misma meta común. ¡Unidos romperemos la barrera de las limitaciones!

Estoy haciendo un llamado a este territorio a que volvamos a una vida de oración participativa. No quiero decir con esto que no hemos estando orando, pero estoy convencido de que podemos llevar este don de Dios a un nivel más alto, profundo y amplio. Con este fin, estoy llamando a establecer 700 círculos de oración formados cada uno por 7 personas. Hemos nombrado un embajador territorial de oración que nos ayude a mantener nuestras prioridades centradas en la oración. Queremos ser un territorio de oración, un territorio conectado, un territorio que esté experimentando en sí mismo el poder de Dios.

Puntos para reflexionar y dialogar:

- ¿Por qué es tan importante para los cristianos estar conectados en oración?

- ¿Tienes algún compañero de oración que ore por ti en forma regular? Si no es así, ¿puedes pensar en alguien que te gustaría que orara por ti?

- ¿Oras por alguien con regularidad? ¿Hay alguien por quien debieras orar?

- ¿Es la oración una prioridad en tu grupo? Si no es así ¿qué se puede hacer para enseñar e incentivar a la gente a que formen "conexiones de oración" verdaderamente vitales?

5

Al compás ... de la oración

El repartió los dones del apóstol, el profeta, el evangelista y el pastor y maestro para que entrenaran a los cristianos para el trabajo especializado de los siervos, trabajando dentro del cuerpo de Cristo, la iglesia, hasta que todos nos movamos juntos a un mismo ritmo.

Efesios 4:11-13
El Mensaje

El acto de perdonar es esencial porque rompe la ley de la retribución ... cuando perdonamos, la gracia de Dios desciende del cielo y se comunica entre los seres humanos.

Richard Foster

No nací con sentido del ritmo. Durante mis primeros días como miembro de una banda de instrumentos de música, me sentaban en la última fila en la sección de las cornetas y los barítonos, donde mi inhabilidad para mantener el compás resultaba menos notoria. El maestro de banda me llamaba la atención a cada rato por estar "fuera de compás" y más de una vez me tiró la batuta por la cabeza por tocar un "pá-ra-pam-pam" en vez de un "pa-ra-pám-pam". Eso para mí era una tortura. Cuando no estaba ensayando con mi instrumento, ensayaba el compás una y otra vez en mi cabeza: "pa-ra-pám-pam, pa-ra-pám-pam ... El "pám" debía tocarlo cuando mi pie golpeara el suelo y el resto de las notas cuando éste estuviera en el aire. Y cuando pensaba que ya tenía el ritmo dominado, volvía a salirme de compás, y caía sin quererlo en el sonsonete de otro compás. Quedé irremediablemente condenado a ocupar la última fila de la banda, sin esperanza alguna de remediar mi falta de ritmo.

Descubrí que me arrojaban la batuta cuando era el único en la segunda fila y tenía que tocar solo el "pa-ra-pám-pam". Cuando me sentaba al lado de un músico que tenía un buen sentido del ritmo y que tocaba a todo dar el ritmo en mis oídos, la batuta no se despegaba de la mano del maestro de banda. Descubrí que debía prestarle mucha atención al director y escuchar muy atentamente a mis compañeros para poder llevar bien el ritmo. No era algo que me viniera naturalmente, pero si prestaba atención podía mantener el compás apropiado y mantener la sincronía con de mis compañeros.

El himno a la alegría

Me sentí intrigado, bendecido y conmovido por la ceremonia de apertura de las Olimpiadas de Invierno en Nagano, Japón. Este evento musical orquestado cuidadosamente representaba un increíble milagro de la tecnología satelital. El director y la orquesta estaban en Japón mientras que los grupos corales que los acompañaban se situaban en cada uno de los cinco continentes. Separados geográficamente a lo largo y ancho del mundo—y en diferentes husos horarios—los cinco grupos corales cantaron simultáneamente "El himno de la alegría". ¡Fue un verdadero milagro!

La logística del evento fue increíble. En Japón el director dio la señal de inicio a las 12 del mediodía del sábado 7 de febrero. Los cantantes se habían reunido de la siguiente manera: en las escaleras de la Puerta de Brandenburgo en Berlín, Alemania, a las tres de la mañana del mismo día. En False Bay, Cape Point, Sudáfrica a las cuatro de la mañana. En la Ciudad Prohibida, Puerta de Shin Wa en Beijing, China a las 10 de la mañana. En las escaleras de la Casa de la Opera de Sydney en Australia a la una de la tarde. En la Sala de Asambleas de las Naciones en la ciudad de Nueva York a las 9 de la noche del viernes 6 de Febrero.

Fue un momento magnífico y mágico. Separados por el espacio, el tiempo, las clases sociales, el color y la cultura, cada participante se conectó vocal y rítmicamente con los demás. Mientras el director dirigía este coro mundial, una dulce fusión de sonidos reverberó hacia arriba, cada nota uniéndose misteriosamente en un plato satelital en lo alto del cielo y rebotando luego de vuelta hacia los corazones y almas de los millones que escuchábamos en la tierra. Por un instante en el tiempo, fuimos una sola voz y un sólo pueblo que resonaba junto. Fue una presentación poderosa, dinámica, y transformó todas nuestras vidas. No es demasiado difícil hallar un paralelo espiritual a este evento armonioso. Como dijo Robert Schuller, "La oración es el poder que unifica y ordena todo de una manera eficaz".

¡Siente el ritmo!

Habían pasado dos días desde que Jesús había hecho su entrada triunfal en Jerusalén. Entre tanto...

Se ha maldecido un árbol
Se ha limpiado un templo
Se ha movido una montaña.

Y se ha hecho una promesa ...

Por tanto, os digo que todo lo que pidiereis orando, creed que lo re-
cibiréis, y os vendrá. (Marcos 11:24)

Pero Jesús no se queda ahí. El dice que debemos sentir el ritmo antes de que podamos mover montañas, o romper la barrera de las limitaciones...

Y cuando estéis orando, perdonad, si tenéis algo contra alguno, para
que también vuestro Padre que está en los cielos os perdone a voso-
tros vuestras ofensas. Porque si vosotros no perdonáis, tampoco
vuestro Padre que está en los cielos os perdonará vuestras ofensas.
(Marcos 11:25-26)

¿Sientes el ritmo?
Pa-ra-pám-pam, pa-rám-pam
Pa-ra-pám-pam, pa-rám-pam
Pa-ra-pám-pam, pa-rám-pam...
Perdonado, perdona,
Perdonado, perdona,
Perdonado, perdona...

El ritmo de la oración se encuentra en el perdón. El "pám" busca el perdón y el "rám" da el perdón. Lo uno sin lo otro rompería el ritmo. Lo uno sin lo otro estropearía la música. Quitémosle lo uno y este Ejército dejaría de funcionar.

Siente bien el ritmo, y conseguirás todo lo que pidas. Siente bien el ritmo y podrás mover montañas. Siente bien el ritmo y traspasarás la barrera de las limitaciones.

En la oración hay una conexión entre lo que Dios hace y lo que tú haces. No puedes tener el perdón de Dios, por ejemplo, si tú no perdonas a los demás. Si te niegas a hacer tu parte, te apartarás del lado de Dios. (Mateo 6:6-8, 14-15, El Mensaje)

Jesús lleva esto un paso más adelante cuando le explica a Pedro el ritmo en la oración:

Pedro tuvo la presencia de ánimo para preguntar, "Maestro, ¿cuántas veces debo perdonar a un hermano o hermana que me ha hecho daño? ¿Siete?" Jesús respondió, "¡Siete! De ningún modo. Prueba más bien setenta veces siete". (Mateo 18:21-22, El Mensaje)

¿Sientes el ritmo?

Perdona, perdona, perdona...
Perdona, perdona, perdona...
Perdona setenta veces siete...

Ramabai entendió el ritmo de la oración y del perdón. Después de que toda su familia muriera víctima de una plaga, ella se encontró sola y sin casa en la ciudad de Calcuta en la India. Mientras pasaba por esta terrible experiencia, recibió una copia del Evangelio de Lucas en el idioma Bengali, y lo leyó de principio a fin. Al leerlo, su corazón se fue transformando y vio claramente cómo quería e iba a vivir el resto de su vida. Desde ese momento, su deseo más importante fue cooperar con la lucha de las mujeres oprimidas. Con este fin, ella abrió hogares para mujeres y niñas, los que se convirtieron más tarde en centros de salud cristianos en la India. En 1905 reclutó a 70 cristianos cuyo único deber era orar por esta obra de caridad cristiana. ¿Por qué el número 70? Porque Ramabai ...; sintió el ritmo!

Por cierto, hay un preludio al mandato de perdonar "70 veces 7" que debemos asimilar y entender si queremos movernos todos juntos al mismo ritmo:

> *Te digo otra vez que si dos de ustedes concuerdan en la tierra sobre alguna cosa que pidan juntos, les será dada a ellos por mi Padre en el cielo. Porque donde se juntan dos o tres en mi nombre, yo estoy en medio de ellos.* (Mateo 18:19-20)

¿Sientes el ritmo?
Donde haya dos o tres que concuerden,
¡ahí estoy Yo!

El ritmo en la oración se logra en toda su plenitud cuando estamos espiritualmente conectados. Pablo sigue ayudando a mantener el ritmo en su carta a los Efesios—y a nosotros.

> *Sé amable con tu prójimo, sé sensible. Perdona a tu prójimo tan instantánea y rápidamente como Dios en Cristo te perdonó a ti.* (Efesios 4:32, *El Mensaje*)

Amable ...

Sensible ...

Perdona ...

Perdonado ...

Un Ejército en el que todos oran juntos, en el que se aman y se perdonan unos a otros, permanecerá unido.

¿SIENTES EL RITMO?

Puntos para reflexionar y dialogar:

- La oración y el perdón parecen ir de la mano. ¿Cómo están conectados? ¿Por qué es tan difícil tener lo uno sin lo otro?

- Efesios 4:32 da instrucciones sobre cómo tratar a los demás. ¿Por qué estas actitudes son tan importantes para mantener la unidad?

- ¿Cómo te va con tu capacidad de perdonar? ¿Abrigas en este momento algún rencor contra alguien o cargas con algún sentimiento malo hacia alguien y que todavía no has podido desechar? ¿Cómo está afectando esto tu vida de oración?

6

Mentores ... en oración

La palabra de Cristo more en abundancia en vosotros, enseñándoos y exhortándoos unos a otros en toda sabiduría, cantando con gracia en vuestros corazones al Señor con salmos e himnos y cánticos espirituales.

Colosenses 3:16

El poder de nuestros mentores ... radica en la capacidad que tienen de despertar una verdad dentro de nosotros, una verdad que nos es posible rescatar años después cuando recordemos su impacto en nuestras vidas.

Parker Palmer

Recién se había terminado la grabación en el estudio y el entrevistador de televisión trataba de descubrir por qué las voces de Barbra Streisand y Celine Dion se mezclaban de manera tan hermosa y natural. Barbra se volvió hacia Celine e hizo la pregunta: "¿Escuchabas mis grabaciones cuando eras pequeña?". "Oh, sí", respondió Celine, "cantaba y armonizaba contigo". ¡Eso era! Las hermosas armonías no se produjeron solamente durante las horas de grabación en el estudio. La unión vocal casi perfecta era resultado de una vida entera dedicada a escuchar, aprender y servir de ejemplo. Barbra había sido mentora de Celine sin siquiera saberlo. Y Celine captó el ritmo de Barbra, el ritmo que ahora en la vida de una nueva generación.

Algunas personas nacen con cuerdas vocales de terciopelo y producen una voz que es como la miel. Definitivamente, yo no me encuentro entre esas personas. Bueno, puedo cantar con los mejores y no soy tan malo en la ducha. En la Brigada de Canto puedo mantenerme afinado si tengo una voz de bajo a cada lado. Si puedo oír la nota en mi oído, la puedo reproducir. Pero, pónganme solo frente al público y la historia ya es diferente. ¿Han oído hablar de la cuerda perdida? Debe haber un corto circuito en alguna parte entre mis cuerdas vocales y el centro musical de mi cerebro. No puedo "tararear" una canción solo. Necesito escuchar los tonos de otro. Necesito imitar el sonido de otro que esté a tono para dar con el sonido correcto y contribuir a una buena armonización. De la misma manera, la relación entre mentor y discípulo es un proceso de trabajo en conjunto. Lo que vemos y admiramos en otro se mezcla sutil y a menudo inconscientemente en la fibra misma de nuestro ser y, dependiendo de la calidad de nuestro trabajo conjunto de mentor y discípulo, hacemos hermosas armonías o desafinamos.

Dos oradores diferentes

Jesús narra la historia de dos potenciales mentores de la oración, uno es un fariseo y el otro es un recaudador de impuestos. Estos dos hombres oraban en el Templo, y sólo puedo suponer que había otros a su alrededor, que escuchaban sus oraciones. El fariseo, orgulloso de su virtud y de su prominente posición en la comunidad, oraba así: "Oh, Dios mío, te doy gracias porque no soy como los demás, como los ladrones, criminales, adúlteros, y, el cielo nos libre, como este hombre. Ayuno dos veces a la semana y pago el diezmo de todos mis ingresos". Por otro lado, el lenguaje corporal y las palabras del recaudador de impuestos comunicaban una historia completamente diferente: "Al mismo tiempo, el recaudador de impuestos, hundido en las sombras, con las manos en su rostro, sin atreverse a mirar hacia arriba, decía: 'Dios, ten misericordia. Perdóname, soy un pecador'".

¿Adivinas quién tuvo mayor éxito en relacionarse con Dios? Las Escrituras nos dicen que, debido a esta oración humilde y honesta, es el recaudador de impuestos y no el fariseo quien está bien ante los ojos de Dios. Desafortunadamente, el fariseo era quien tenía más influencia en esa cultura y quien probablemente tenía más gente observándolo y emulándolo. El Diccionario Bíblico de Unger nos dice que los fariseos "tenían la mayor influencia en las congregaciones, de manera que todos los actos de adoración, oración y sacrificios en público se realizaban de acuerdo a su mandato". Ejercían tremendo poder como guardabarreras de la cultura y la tradición. ¡Se hacía lo que ellos decían!

Por otro lado, el recaudador de impuestos no era tenido en muy alta estima, sino que, al contrario, era despreciado por la mayor parte de esa sociedad. Unger describe las reacciones de la gente hacia los recaudadores de impuestos, los "publicanos": "Los publicanos eran ... considerados traidores y apóstatas, mancillados por su frecuente contacto con lo pagano y por colaborar con el opresor".

No estamos seguros, pero dada la dinámica social de la época, es muy poco probable que los observadores hayan salido del Templo imitando el estilo de oración del recaudador de impuestos. Lo que sí sabemos es que debido a esta sugerente historia de Jesús, muchos a través de los siglos han adoptado el estilo de oración humilde y arrepentida del recaudador de impuestos en su propia vida de oración. Al contrario, la oración del fariseo se ha convertido en un patrón de "lo que no debe hacerse".

En busca de unos pocos buenos guerreros de oración

Cuando era un muchacho en el cuerpo, me afectaban profundamente las oraciones—y las vidas de las personas. Recuerdo vívidamente un inveterado guerrero que nunca perdía una oportunidad de orar—oraciones largas, santas y en voz alta. Comencé a observar que después de que terminaban las reuniones, su conversación era también larga y en voz alta, pero no muy santa. Cuando bajaba de su pedestal de oración, era estrepitoso, obstinado y odioso. Su nombre era "Bob", pero le llamábamos "el viejo ob", por razones obvias.[4]

Esta contradicción me confundía y desorientaba. No podía conciliar el sonido de sus oraciones con su estilo de vida. Había un halo allí y, apenas terminaba la reunión, ese halo desaparecía. Aparecía y desaparecía. Cuando lo recuerdo se me ocurre que otros estaban asimilando ese mismo estilo a las de sus propias vidas y, por extensión, a sus hijos.

También estaba la anciana señora Mac, una verdadera santa de la oración. Su vida era una oración. Su conversación estaba permanentemente puntualizada con oraciones. No sólo oraba por mí, sino que también se interesó amablemente en

---

[4] Juego de palabras con *Bob* y *obstreperous* – estrepitoso, *obstinate* – obstinado, y *obnoxious* – odioso. [Nota del Traductor]

mí, lo que me sorprendía y me hacía sentirme agradecido. Una vez, cuando yo había sido invitado a su cabaña junto al mar, observé un interesante fenómeno de oración. El esposo de la señora Mac era un fumador empedernido, pero no se le permitía fumar dentro de la cabaña. Cuando debía salir de la casa para fumar, ella comenzaba a hablar en alto, diciendo cosas como: "Dios, no logro comprender a ese hombre", "Por Dios santo, por qué no rompe ese hábito", "El infierno no tiene misericordia", "Oh, Dios, Dios, Dios".

Habiéndome criado en una casa donde el nombre de Dios era pronunciado a menudo en vano, generalmente usado para expresar maldiciones e improperios que se usaban constantemente, era comprensible que yo me sintiera confundido con tal lenguaje. La señora Mac debe haber visto la perplejidad que se dibujaba en mi cara, porque me explicó con gentileza que ella no estaba tomando el nombre de Dios en vano. "Es mi manera de orar para que mi marido rompa ese hábito horrible", dijo. Y ¿sabes qué? ¡El hombre dejó de fumar! Las oraciones poco convencionales de la señora Mac fueron escuchadas, y es así como un niño aprendió algo acerca del poder la oración en una persona dedicada a Dios.

La oración es esencial para la vida cristiana, aunque a menudo pareciera ocupar un lugar extremadamente bajo en la escala de las prioridades. Mi parecer es que tendemos a tomar la oración como algo que damos por sentado, a menudo considerándola como un ritual obligatorio que debe ser observado y puesto convenientemente en su lugar adecuado en el esquema de nuestras reuniones. ¿Dónde está la espontaneidad y libertad que he tenido la oportunidad de observar? ¿Dónde están los santos guerreros de la oración que yo admiraba tanto y buscaba emular? ¿Dónde están los Lyell Raders, los Albert Peppers, las Mina Russell y las señoras Mac? Oh, seguramente hay algunos, pero ¿están desapareciendo en los recesos de nuestros sofisticados estilos y estructuras? Si no hay oración genuina, ferviente y espontánea, no hay poder espiritual. La oración debe estar en el fundamento mismo de nuestro ministerio si queremos acercarnos a romper la barrera de nuestras límitaciones. ¿Quién devolverá la oración al primer lugar en la lista de prioridades?

¡LA RESPUESTA ERES TU!

La fórmula de nuestras oraciones debe mezclarse naturalmente con el contenido de nuestras vidas. Cuando el teniente coronel Lyell Arder hablaba en nuestro cuerpo, no había duda acerca de la naturaleza de esta armonía entre oración y vida. Cuando el coronel Albert Pepper hablaba y oraba en los concejos de nuestros oficiales, no había duda de la naturaleza de esta armonía entre oración y vida. Cuando la teniente coronel Mina Russell instruía a nuestra sesión de cadetes sobre lo que es la oración, no había duda acerca de la naturaleza de esta armonía entre oración y vida. Cuando la señora Mac enseñaba en mi clase en la Escuela Dominical, no había duda acerca de la naturaleza de esta armonía entre oración y vida. Debemos conseguir a toda costa esta armonía entre oración y vida si queremos experimentar la amplitud y conocer la altura y la anchura del amor y del poder de Dios. ¡Debemos conseguir a toda costa esta armonía entre oración y vida si queremos sondear las profundidades y llegar a las alturas! ¡Debemos conseguir a toda costa esta armonía entre oración y vida si queremos romper la barrera de nuestras limitaciones! ¿Quién realizará óptimamente esta armonía entre oración y vida entre los miembros del cuerpo?

¡LA RESPUESTA ERES TU!

Se debe dar con la mezcla justa de calidad y cantidad de oración en la fibra espiritual de la próxima generación de cristianos. ¡Me preocupa el resultado! Estoy pensando en el futuro de este territorio. ¿Dónde están los líderes influyentes de hoy que lograrán dar con esa mezcla correcta de calidad y cantidad de oración? ¿Quién es servirá de mentores a nuestros hijos y a los hijos de nuestros hijos? ¿Quiénes servirán de mentores a la nueva generación de cristianos que están llegando a nuestras filas?

¡LA RESPUESTA ERES TU!

"¡UNIDOS SIN LIMITES! VISION 7007" es un llamado de vuelta a los fundamentos, y no existe nada más fundamental que la oración. Estoy haciendo un llamado a cada salvacionista a que se convierta en un mezclador ejemplar de oración y vida. ¡Cuento ... **CONTIGO!**

Puntos para reflexionar y dialogar:

• ¿Cuál fue el problema con la oración del fariseo? ¿Qué fue lo positivo de la oración del recaudador de impuestos?

• ¿Conoces a un verdadero "guerrero de la oración", alguien que viva en su vida lo que ora en sus oraciones? ¿Por qué no entrevistarlo y descubrir cómo mantiene la oración como una prioridad en su vida?

• ¿Hay lugar en la programación de tu cuerpo para la instrucción, práctica y guía de la oración?

• ¿Cómo está el equilibrio entre tu oración y tu vida?

7

Conectados... en amor

No acumuléis deudas, salvo la inmensa deuda de amor que os debéis unos a otros. Cuando amáis a los demás, completáis lo que la ley desde siempre ha dispuesto.

Romanos 13:8
El Mensaje

La iglesia local es—o debería ser—una familia, una expresión local de la familia universal de Dios cuyos miembros se miran, se aman y se tratan como si fueran hermanos y hermanas.

John Stott

La oración de Pablo por el pueblo de Dios en nuestro pasaje guía, Efesios 3:14-19, es que este pueblo sea fortalecido por la presencia del Espíritu de Dios, y que el amor perfecto de Dios pueda ser la fuerza motriz de sus vidas. ¡Esta oración es también por nosotros! Debemos estar unidos en el amor a través del poder del Espíritu Santo de Dios. Antes de que se puedan superar las limitaciones y antes de que podamos experimentar la plenitud de Dios, nuestros pies espirituales deben estar firmemente plantados y arraigados en el amor. Así como la planta se contacta con la tierra que le da la vida, sacando de ella la fuerza y sustento de sus nutrientes, de la misma manera debemos conectarnos con el Dador de Vida, el amante de nuestras almas. Sin embargo, debemos recordar que la conexión del amor no termina ahí. Nunca se pensó que terminara allí. Su propia naturaleza no le permitirá detenerse allí. No es una conexión solitaria que sólo vaya en un sentido o dirección. Para que sea viable, debe ser transmitida.

Es esta conexión la que nos permite buscar y experimentar la altura, la anchura y la profundidad del amor. Si no se la comparte, no es amor. El amor verdadero es una serie de conexiones en tres sentidos o direcciones: Tú, Dios y otro, en un "triángulo amoroso" en el que todos ganan. Mientras más conexiones hagamos, mayor será nuestro poder colectivo. Con cada conexión, ensanchamos las fronteras y ampliamos los límites.

Lo que hace posible esta conexión amorosa es el Espíritu Santo. No sólo es el Espíritu lo que la hace posible, sino también el agua, la chispa, la energía y la esencia del amor que nos llena con su poder de unión espiritual. La santidad es nada menos que un amor perfecto que nos llena y nos motiva. La salvación es una respuesta personal a la obra redentora que Dios realiza en nuestras vidas. La santidad nos empuja a abrazar a otros en el amor. La salvación es una obra de gracia que se enfoca en nuestro pasado malogrado. La santificación es una obra de gracia que se enfoca en el presente. En la salvación somos perdonados. En la santidad aprendemos a perdonar. Mientras asumimos más y más la naturaleza del Espíritu, Dios crea en nosotros una naturaleza más inclinada al perdón.

El corazón como una rueda: el amor en movimiento

Efesios 5:18 en *El Mensaje* reza: "Bebed del Espíritu Santo, bebed de Él en grandes cantidades". Este pasaje parece sugerir que hay "grandes cantidades" de Dios que podemos tomar—y está a nuestro alcance hacerlo. Pero, ¿estamos acogiendo a Dios dentro de nosotros? Tal vez esto sea parte de nuestro problema. Si nos hallamos aprisionados por nuestras limitaciones, somos nosotros los que las hemos establecido y aceptado. Si estamos limitados por fronteras, nosotros mismos las hemos creado. Si continuamos pensando en lo que no debemos hacer en lugar de lo que debemos hacer; si nos preocupamos más de nuestra propia justicia que de la injusticia que sufren los demás; si continuamos centrados en nuestro propio caminar con Dios, tal vez es porque hemos limitado el poder de Dios en nuestras vidas. Estamos sorbiendo de a pequeños tragos por medio de una pajuela en lugar de tragar en "grandes cantidades". La esencia de la santidad es acoger a Dios en nosotros—en toda su plenitud—y dejar que su gracia fluya a través de nosotros. Es esta santidad la que nos llevará al siguiente nivel. La vida de santidad es un valor del Ejército que se debe recuperar. Es parte de nuestro carácter esencial; es quienes somos como movimiento. Es perfecto amor en movimiento.

¿Quieres una simple lección sobre cómo hacer crecer a la iglesia? No necesitas asistir de chaqueta y corbata a un seminario de una semana ni gastar tu dinero en la compra de libros y videos para dar con la fórmula secreta. En realidad, es un secreto a voces y muy simple: conéctate con la fuente suprema del amor. ¡Deja que esta fuente fluya a través de ti para aumentar tus conexiones de amor y tu cuerpo crecerá!

¡Busca a los Bill Porter!

Recientemente el programa de televisión *"20/20"* mostró un segmento sobre un hombre llamado Bill Porter, de Portland, Estado de Oregon. Bill nació con parálisis cerebral, una enfermedad que afectó seriamente su coordinación y manera de hablar. El padre de Bill murió cuando él era muy niño. Bill dependía de su madre para que le ayudara en las tareas básicas de la vida, tareas sencillas que para la mayoría de nosotros son tan naturales que ni pensamos en ellas. Aunque él deseaba un trabajo de tiempo completo, sus limitaciones le hacían difícil conseguir trabajo. Cuando la empresa Fuller Brush lo rechazó, él se acercó a una empresa rival, proponiéndoles hacerse cargo del peor territorio de Portland. Al principio, también lo rechazaron. Bill insistió, sugiriendo que le dieran un área que nadie quisiera; él expandiría así el campo de operaciones de la empresa. Sin nada que perder, le dieron el puesto.

Unos 30 años después, Bill aún trabaja en ese puesto, dando lo mejor de sí cada día. Religiosamente sale de casa a las 7:45 la mañana para tomar un bus que lo lleva al centro de Portland. Su madre ya no vive, de manera que hace el viaje sin corbata, su camisa sin abotonar y los cordones de sus zapatos sin anudar. Su primera parada es en el Fifth Avenue Suites Hotel, donde un botones le abrocha la camisa y le pone la corbata de broche que él lleva en su bolsillo. De ahí él va a un puesto de lustrabotas en la misma calle, donde le lustran y le anudan bien los zapatos.

Otro bus lo lleva a su territorio, donde los conductores del bus lo ayudan a subirse y a bajarse. Luego, camina siete millas o más cada día, llamando a las puertas para vender sus mercaderías, y nunca ha faltado un día al trabajo. Nunca se queja, ni se desanima cuando lo rechazan. La mayoría de la gente se esmera por ayudarlo. Sus clientes le llenan las órdenes de pedidos y su asistente, Shelley, hace las entregas. Bill escribe a máquina las órdenes, con un dedo, demorando a veces hasta trece horas en terminar la tarea. También escribe intrincadas instrucciones y órdenes para Shelley. Por todo este esfuerzo, Bill obtiene un salario de 300 dólares semanales.

Cuando se publicó esta historia en el periódico local, la gente empezó a fijarse en Bill. Una persona que se había reído de él cuando niño hizo un pedido de 250 dólares y donó las mercaderías a obras de beneficencia. Otros que lo habían ignorado en el pasado ahora se esmeraban por ser amigables con él. Varias cosas se me ocurrieron mientras yo seguía esta historia.

Primero, hay muchos Bill Porter que existen en nuestro círculo de influencia. Nos rozamos con ellos todos los días y fracasamos en nuestra intención de establecer una conexión. Cuando William Booth vio esos Bill Porters del siglo 19 que dormían bajo el Puente de Londres, se creó una conexión de amor. Fue una conexión de amor dirigida por el Espíritu Santo. Piensa en los Bill Porters con quienes Cristo hizo conexión: Bill Porter, el leproso; Bill Porter, el mendigo; Bill Porter, el lisiado, Bill Porter, el samaritano. Efesios 5:2 nos dice que el amor de Cristo "no era precavido, sino extravagante. No nos amó para obtener algo de nosotros, sino para darnos todo de sí". ¡Necesitamos amar así!

Contactémosnos con el Espíritu Santo. Luego, formemos un plan estratégico que extienda el número de "conexiones de amor" en nuestra vida. Te invito a que hagas una lista de diez personas y que comiences a conectarte con ellas

con actos de amabilidad. Multiplica eso por el número de soldados en tu cuerpo. Ayuda a tus soldados a conectarse. Predica la santidad. Enseña la santidad. Te asombrarás de los resultados. Esto es exactamente lo que Cristo hacía con sus discípulos, enseñándoles a multiplicarse. Si alguno de los que se
conectó con Bill Porter hubiera sido soldado del Ejército de
Salvación, sería un salvacionista ahora. ¡Ama de esta manera!

Lo segundo que me asombró de la historia de Bill es
que la gente que se le acercó probablemente no tenía mucho
en común con él. Probablemente no se conectaron con él social o profesionalmente. La suya fue una conexión espiritual e
hizo tanto por ellos como por él. Sólo el Espíritu Santo nos
puede dar el poder para conectarnos con personas que son
diferentes de nosotros. Si nos tomamos el tiempo de aumentar nuestro círculo de conexiones, seremos extremadamente
bendecidos. No esperemos a que aparezca un artículo de periódico o una historia en el programa *"20/20"* para acercarnos
a los demás. Nuestra sobrevivencia espiritual depende de estas
conexiones.

En tercer lugar, me di cuenta de que en una situación
de ayuda y conexión mutuas, todos ganan. No es necesario
que haya perdedores. Como nos recuerda Pablo, no importa
qué seamos, "judíos o gentiles; conocidos o extranjeros; negros o blancos; hombres o mujeres". Tampoco importa si
somos salvacionistas de quinta generación o salvacionistas de
primera generación; si somos recolectores de basura o recaudadores de impuestos; presidentes de una compañía o mensajeros, príncipes o mendigos; oficiales o soldados. Todos ocu-
pamos el mismo lugar a ojos de Dios.

Santidad es el amor de Dios en acción. Santidad es conectarse con la diversidad. Santidad es buscar y tocar lo que no es amable. Santidad es moverse continuamente hacia un estándar moral, ético y espiritual superior. Santidad es un despertar de la gracia progresivo y permanente. Santidad es romper las barreras y superar los límites. Santidad es acoger a Dios dentro de nosotros, en toda su plenitud y luego compartir esa plenitud con otros. ¡Santidad es amor sin límites!

Ampliemos nuestras propias fronteras

Me gusta la historia ocurrida durante la Primera Guerra Mundial y que trata de tres jóvenes americanos en Francia. Provenían de tres familias de religiones diferentes: protestante, judío y católico romano. Habían pasado juntos por terribles experiencias. Después de uno de esos peligrosos episodios, hicieron un pacto en el que convenían que si uno de ellos moría en acción, los otros harían todo lo que estuviera en su poder para aliviar a la familia afligida del muerto.

Poco después ocurrida durante que hicieran este pacto, el joven protestante murió en el campo de batalla. El único lugar de oración en el área era una pequeña iglesia católica. El soldado católico y el soldado judío fueron juntos a hablar con el sacerdote y le preguntaron si el cuerpo de su amigo podía ser enterrado en el pequeño y bien cuidado cementerio junto a la iglesia. Cuando el sacerdote les supo que no se trataba de un católico, se negó con pesar, indicando que, de acuerdo a las reglas de la iglesia, el cementerio había sido bendecido sólo para el entierro exclusivo de católicos. Después de una discusión, el sacerdote hizo una proposición: "Enterraremos el cuerpo de su amigo justo al lado de afuera de la cerca del ce-

menterio y les prometo que la tumba recibirá cuidados y no
será profanada". Todos estuvieron de acuerdo.

Cuando terminó la guerra, los dos soldados prometie-
ron que al tercer aniversario de la muerte de su amigo, volve-
rían a Francia y se reunirían ante la tumba, justo al lado de la
cerca del cementerio. Cuando se encontraron en el día y en el
lugar acordado, se sintieron consternados y molestos porque
no pudieron hallar la tumba de su amigo. Lograron encontrar
al anciano sacerdote y le exigieron una explicación de por qué
no había cumplido su palabra. El sacerdote en silencio llevó a
los dos hombres a través de la cerca del cementerio a un área
en la parte interior de ésta. Vieron la tumba, cuidadosamente
arreglada, como lo había prometido el sacerdote. "Después de
que ustedes se fueron", dijo, "volví a la rectoría y pasé revista
a las reglas de la iglesia. Descubrí que aunque prohibían claramente el entierro en el interior del cementerio, no había nada que prohibiera correr la cerca".

Esta historia nos recuerda gráficamente las numerosas
cercas que encierran el corazón humano: envidia, prejuicio,
orgullo, avaricia, mentira, ira, comunicación corrupta. Estas
cercas son de nuestra propia factura, y son resultado de nuestra condición malograda y pecadora. No somos capaces de
mover esas cercas sin el poder del Espíritu Santo. Cuando
invitamos al Espíritu a nuestra vida, él comienza a mover esas
cercas y a alejar las fronteras. Los "No hagas esto" se convier-
ten en "Hazlo". "Amarás a tu prójimo como a ti mismo". Ese
es el mandamiento superior bajo el cual entran todos los otros
mandamientos. ¡Este mandamiento demuele las fronteras y el
rompe la barrera de las limitaciones!

No hay nada en las reglas que nos impida mover las cercas. No hay nada en las reglas que nos impida vivir este mandamiento. Pablo se refiere a este estado de liberación por el Espíritu Santo como el "nuevo hombre". El dice: "En cuanto a la pasada manera de vivir, despojaos del viejo hombre, que está viciado conforme a los deseos engañosos, y renovaos en el espíritu de vuestra mente, y vestíos del nuevo hombre, creado según Dios en la justicia y santidad de la verdad" (Efesios 4:22-24).

Las palabras de Pablo nos desafían a empujar los límites. Cuando Ronald Reagan dijo "Señor Gorbachov, ¡eche abajo este muro!", las implicaciones para el mundo fueron fenomenales. Y cuando el Muro de Berlín fue derribado, el mundo se regocijó al poder constatar que hasta los muros de separación y opresión que parecían impenetrables podían ser destruídos. Hoy Dios nos dice: "¡Echa abajo los muros— puedes hacerlo a través de mi Espíritu!" Te desafío a que empujes las fronteras. Te desafío hoy con un nuevo llamado al perfecto amor de la santidad.

INVOLUCRATE HOY EN UN "TRIANGULO AMOROSO"

Puntos para reflexionar y dialogar:

- Santidad y "amor perfecto" son sinónimos. ¿Cómo obtenemos este "amor perfecto"?

- Lee Corintios 1:13 y haz una lista con todos los atributos del amor. ¿Son parte de tu vida estos atributos?

- Discute esta aseveración: "La santidad no es sólo una búsqueda individual".

- ¿Es tu cuerpo un lugar donde se enseña y predica la santidad? ¿Qué puedes hacer tú para que esto sea así?

8

Moviéndonos con gracia ... en amor

... hasta que todos nosotros vivamos ... movidos por la gracia e inspirados por el hijo de Dios

Efesios 4:13
El Mensaje

Mis queridos hijos, no hablemos de amor, practiquemos el verdadero amor. Esta es la única manera de saber que estamos viviendo
verdaderamente en la realidad de Dios.

1 Juan 3:18-19
El Mensaje

No, el amor de nuestro Dios no es solemne en absoluto, y aparentemente ésa es la manera que El espera que seamos capaces de amar
amor. No sólo pide él que nosotros aceptemos su inexplicable y
embarazoso tipo de amor, sino que una vez que lo hayamos aceptado, él espera que nos comportemos de la misma manera con los
demás.

Brennan Manning

El Ejército de Salvación es un "movimiento de gracia". La
santidad es una "plenitud de gracia". La palabra "movimiento" sugiere progreso y cambio continuo.

La gracia es el combustible que mantiene en progreso
un movimiento.

La gracia es la chispa que mantiene en crecimiento a un movimiento.

La gracia es el aceite que hace avanzar con eficacia a un movimiento.

El progreso de la gracia depende de la medida en que Dios esté presente en nosotros. Su futuro depende del flujo de nuestro movimiento hacia adelante. Su fluidez depende de la plenitud de la gracia de Dios.

Disfruto mirando los Juegos Olímpicos, especialmente los de invierno. La competencia de patinaje en el hielo siempre capta mi atención. No puedo convencerme de que haya personas que se mueven con tal fluidez y perfección, apoyados solamente en unas delgadas cuchillas de metal—¡sobre una superficie de hielo acristalado! La danza sobre el hielo es especialmente bella. Desde mi "apoltronado" punto de vista, el factor decisivo que eleva a los ganadores de medallas sobre todos los otros bailarines es la absoluta gracia de su movimiento mientras patinan juntos y en sincronía. Esta gracia no se puede definir y sin embargo es ella la que define el éxito de todos ellos. El bailarín parece conocer intuitivamente el ritmo y fluir de su compañera. Sus habilidades, que son un don de Dios, están complementadas por la fortaleza, la confianza y la fe que sienten el uno por el otro. La fuerza de él está a dúo con el equilibrio de ella y el "dar" de ella está en perfecta conjunción con el "tomar" de él, mientras se combinan para cada paso, elevación y salto. Respeta cada uno la habilidad y la perspectiva del otro. Parece haber una confianza sagrada entre ellos. Cuando veas una "figura de 8" formada sobre el hielo piensa en la "gracia" como el punto de conexión.

¡Gracia divina!

Si bien la gracia está en el centro de nuestra relación con Dios, tengo la sensación de que pocos de nosotros realmente comprendemos sus increíbles dimensiones y lo que ellas significan para nuestra vida de fe. Brennan Manning, en su libro *The Ragamuffin Gospel [El Evangelio Popular]*, cita a un personaje del drama *The Great God Brown [El Gran Dios Brown]* de Eugene O'Neill: "¿Por qué temo bailar yo, que amo la música, el ritmo, y la gracia, y la canción, y la risa? ¿Por qué temo vivir yo, que amo la vida y la belleza de la carne y de los colores vivos de la tierra y del cielo y del mar? ¿Por qué temo amar yo, que amo el amor?" Y Manning continúa: "Algo está radicalmente mal". Si deseamos ampliar nuestras propias fronteras y trascender las barreras de nuestras limitaciones y vivir nuestras vidas en la plenitud de Dios, debemos comprender el verdadero significado de la gracia divina.

La gracia de Dios es un don gratuito—absoluta e inequívocamente gratuito. No tenemos que hacer nada para ganarla. En realidad, no podemos ganarla, pero podemos aceptarla. Podemos comprender que nosotros—todos nosotros—estamos absolutamente rodeados cada día de nuestras vidas por la gracia ilimitada de Dios. Esto es lo que nos une, nos define y nos motiva. La gracia de Dios es lo que nos lleva, a través de la fe, a establecer una relación con El y con el prójimo. En todo esto se da una interacción sutil entre la fe y la gracia. Las dos se mueven juntas en perfecta coordinación. Nuestra fe proviene de la gracia de Dios y fluye hacia nosotros. La gracia de Dios fluye y se adentra en nuestra fe. La unidad se logra cuando captamos este ritmo y empezamos a movernos juntos *graciosamente* (con gracia) bajo el poder del Espíritu de Dios.

La gracia no es una experiencia solitaria; es gratuita, pero no es barata. Siempre involucra a otros. La gracia es como un vals. Un pie precede al otro. Tú te mueves y ella se mueve contigo. Te inclinas y ella se inclina contigo. Te vuelves y ella se vuelve contigo. Las acciones son recíprocas. Mientras más en sintonía estás con ella, más graciosamente se moverán juntos. Mientras más cuidadosa y respetuosamente trates a otra persona, más graciosamente se moverán tú y la gracia. Mientras más amor des, más graciosamente se moverán juntos. Mientras más confíes y perdones, más graciosamente se moverán juntos. Si haces el movimiento correcto, lo más probable es que ella se moverá contigo. Si haces una vuelta correcta, lo más probable es que ella la hará contigo. Inclínate un poco y, lo más probable, ella se inclinará contigo. La gracia es una danza mutua, hermosa y poderosa en la presencia de Dios.

La regla de oro en movimiento

La gracia es "la regla de oro" en movimiento constante... *Así que, todas las cosas que queráis que los hombres hagan con vosotros, así también haced vosotros con ellos...* La gracia no es algo egoísta; siempre significa dar. Es como la Navidad los 365 días del año. Es dar sin esperar nada. Es dar por amor, hacerlo porque es lo correcto. Es vivir generosa y extravagantemente en la más completa libertad. ¡Es divino!

Hace varios meses, el programa *"Today"* mostró el caso de un niño de 13 años quien, por su propia voluntad, decidió rematar su tarjeta postal del *"Titanic"* original para que la madre de uno de sus amigos pudiera financiar su transplante de médula de hueso. El había comprado la postal algunos años atrás en 100 dólares. Después tomó un crucero con algunos de los sobrevivientes del *Titanic* y le pidió a uno de ellos que firmara su postal, aumentado de inmediato su valor. El reparto del éxito musical de Broadway Titanic supo de esto y lo sorprendió en el Show de Rosie O'Donnell entregándole un cheque por 60 mil dólares. Este sorprendente y extravagante acto de gracia recibió la atención de la prensa nacional. La mayoría de los actos de gracia no son tan visibles como éste. Como indica Henri Nouwen, "La mayor parte del trabajo de Dios en el mundo puede pasar inadvertido". Estamos continuamente rodeados de oportunidades de dar y recibir la gracia. Mientras más aprendemos a vivir en la gracia de Dios y a dar generosamente a los demás, más crecerán nuestros ministerios.

La gracia es "la regla de oro" en movimiento constante ... *Así que, todas las cosas que queráis que los hombres hagan con vosotros, así también haced vosotros con ellos...* La gracia abarca a toda la humanidad. La gracia trata a cada ser humano con cuidado y respeto, sin mirar raza, sexo, color ni status social. La gracia no conoce barreras, nos enseña a odiar el pecado, pero amar al pecador. Nos enseña que somos amados ... incondicionalmente.

Cristo acogió a cada una de las personas que conoció en su vida con el mayor respeto—los apoyó y tomó con mucha seriedad sus problemas:

Vino a él un leproso, rogándole; e hincada la rodilla, le dijo: Si quieres, puedes limpiarme. Y Jesús, teniendo misericordia de él, extendió la mano y le tocó, y le, dijo: Quiero, sé limpio. (Marcos1:40-41, *El Mensaje*)

... Jesús dijo al paralítico: A ti te digo: Levántate, toma tu lecho, y vete a tu casa. Entonces él se levantó en seguida. (Marcos 2:5, 11-12, *El Mensaje*)

... y sucedió que un varón llamado Zaqueo, que era jefe de los publicanos, y rico, procuraba ver quién era Jesús; pero no podía a causa de la multitud pues era pequeño de estatura. ... Jesús ... le vio y le dijo: Zaqueo, date prisa, desciende, porque hoy es necesario que pose yo en tu casa. (Lucas 19:2-3, 5, *El Mensaje*)

El modelo de la gracia ya ha sido establecido.

Aprende sus movimientos...

Danza al son de su compasión...

Desplázate en su gracia.

Es la "regla de oro" en movimiento constante ... *Así que, todas las cosas que queráis que los hombres hagan con vosotros, así también haced vosotros con ellos...*

La gracia embellece los dones divinos. Dios ha hecho entrega de una gran variedad de dones y talentos. En algunas ocasiones, el don puede ser igual en contenido, pero la aplicación de ese don puede ser diferente según quién sea el que lo aplica. La composición y manifestación de esos dones será tan complicada como sea la complejidad de cada individuo. Es la gracia de Dios la que embellece el don. Es la gracia de Dios la que une los dones. Es la gracia de Dios la que hace posible la unidad del Cuerpo de Cristo. Es la gracia de Dios la que nos permite compartir nuestros dones libre y generosamente.

Es la "regla de oro" en movimiento constante ... *Así que, todas las cosas que queráis que los hombres hagan con vosotros, así también haced vosotros con ellos ...*

Cuando comprendamos esta verdad y empecemos a movernos unidos en la gracia no existirán las barreras. El Ejército de Salvación fue creado para ser un "movimiento de gracia". Estoy haciendo un llamado a restaurar la santidad corporativa—avanzando unidas con la gracia de Dios. Hemos recibido infinitas bendiciones de la mano de Dios. Demos también a los demás con liberalidad.

¡PONGAMOS A BUEN USO NUESTRO "ACTO DE GRACIA"

Puntos para reflexionar y dialogar:

- Comenta la afirmación: "La gracia de Dios es gratuita pero no barata".

- ¿Cómo puede el vivir bajo la gracia de Dios hacernos respetar y a la vez llevarnos a cuidar a los demás?

- "El Ejército de Salvación es un movimiento de gracia". ¿Cómo te puedes asegurar de que esto sea una realidad en tu cuerpo y en tus ministerios?

- Lee la canción *Amazing Grace [Gracia divina]*. Agrégale otro verso a la canción expresando tu punto de vista sobre la gracia. O bien, escribe tu propia definición de lo que es la gracia.

9

Mentores ... en amor

Un mandamiento nuevo os doy: Que os améis unos a otros; como yo os he amado, que también os améis unos a otros. En esto conocerán todos que sois mis discípulos...

Juan 13:34-35

Cristo nos invita a cambiarnos de la casa del temor a la casa del amor: a alejarnos, mudarnos de ese lugar de encierro a un lugar de libertad ... y a llegar a ser lo suficientemente libres para vivir en un mundo sin fronteras.

Henri Nouwen

Un aviso reciente de Pepsi muestra a la Reina Isabel de pie en un balcón saludando a sus súbditos. Ella lo hace con toda la pompa y protocolo que se espera de la Corte Real. De repente, y sin aviso, se sube a la baranda y se deja caer en un bello salto de ángel sobre la multitud. Con gran frivolidad, la agradecida multitud la lanza al aire varias veces; ella se convierte en uno de ellos y empiezan a bailar todos juntos sin ninguna inhibición. Mientras esto sucede, en la pantalla aparecen las palabras: ¡CAMBIA EL LIBRETO!

Cuando se rompen las reglas...

Cuando se corren riesgos...
Cuando el amor prevalece sobre los métodos...
Cuando la gente viene antes que los programas...
¡ES QUE SE HA CAMBIADO EL LIBRETO!

¡Ellos cambiaron el libreto!

Dios saltó al espacio y vino a dar sobre la tierra. "Bajo la forma de un bebé" y corriente cayó en nuestro duro mundo material y tocó tierra violentamene en medio de la gente común. Nacido fuera del matrimonio, criado como carpintero, ajusticiado como un ladrón.

El cambió el libreto.

Jesús escogió a doce de entre las personas más improbables para que formaran parte de su corte real—un pescador fanfarrón, un recaudador de impuestos, un grupo definitivamente heterogéneo. El Sanedrín brillaba por su ausencia.

El cambió el libreto.

El se convirtió en su maestro y mentor. Ellos se hicieron sus discípulos pero no en el sentido tradicional. Ellos no se reunían en el Templo; se reunían en la ladera de un monte. Ellos no pasaban largas horas dentro de las aulas de aprendizaje y de la tradición estudiando el Libro. Pasaban muchas horas afuera, haciendo del Libro una realidad viviente. El que esto se hiciera era más importante que cómo se hacía. En consecuencia, el fin triunfaba sobre los medios. El Espíritu triunfaba sobre la forma. Lo importante eran los resultados. El dijo: *Yo soy el Alfa y la Omega, el principio y el fin.*

El cambió el libreto

Era un sábado o día de reposo de los judíos. Jesús y su extraño grupo estaban hambrientos. Entrando por un campo de trigo maduro, iban arrancando los granos con los dedos y llevándoselos a la boca. *Tus discípulos están rompiendo las reglas del sábado,* le amonestaron los fariseos. Jesús respondió: *Algo más que la religión está en juego aquí ... prefiero un corazón flexible a un ritual inflexible...*

El cambió el libreto

Ese mismo sábado, Jesús encontró en su camino a un hombre con una mano seca. Sintió gran compasión por él. Las autoridades lo hostigaban diciéndole: *¿Es legal curar el sábado?* El les respondía diciéndoles: *¿Es legal sacar a los animales de un barranco el sábado? ¡Sin duda la generosidad con la gente es tan legal como la generosidad con los animales!* Y curó al enfermo. Ellos se irritaron e incitaron a la venganza.

El cambió el libreto

Todo comenzó con los Diez Mandamientos—modelo de claridad—¡pero qué difíciles de cumplir!, aun para los más rectos entre nosotros. Entonces Jesús lo hizo todo más simple, reduciendo los mandamientos a lo esencial de la ley: Un mandamiento nuevo os doy: *Que os améis unos a otros; como yo os he amado, que también os améis unos a otros. En esto conocerán todos que sois mis discípulos, si tuviereis amor los unos con los otros* (Juan 13:34-35) Esa frase, *que os améis unos a otros*, se repite tres veces en este principio fundamental que debe informar todos nuestros actos. Es el *Mandamiento de la compasión* . Los líderes religiosos de la época estaban controlando el cumplimiento de la ley. Jesús estaba predicando el amor.

El cambió el libreto

Después del día de Pentecostés, el apóstol Pedro fue lleno de compasión. Su vida y ministerio adquirieron un nuevo significado, propósito y poder. Todo lo que él tenía era el *mandamiento de la compasión*. Todo lo que tenía era su pasión por las almas. Este era su plan de crecimiento para la iglesia. Pedro concluyó su primer sermón diciendo: *Cambia tu vida. Acércate a Dios ... Recibe el don del Espíritu Santo...* Aquel día cerca de 3000 personas creyeron lo que les decía y se convirtieron. ¡Vaya! Todos quedaron sorprendidos. La religión tradicional estaba controlando el cumplimiento de la ley. Pedro estaba predicando el amor.

El cambió el libreto

Camino a Damasco, la pasión de Pablo por destruir a los cristianos dio un vuelco dramático. El *mandamiento de la compasión* empezó a regir su vida. Su pasión se canalizó en una dirección positiva—la pasión por las almas. Este era su plan de crecimiento para la iglesia. Bajo su ministerio la iglesia *prosperó ma-*

ravillosamente. Bajo la guía de Pablo se realizó la transición de la
ley al amor.

El cambió el libreto

William Booth se hizo cristiano en la intimidad de su habita-
ción, lejos del ruido y sin ostentaciones. El *mandamiento de la
compasión* empezó a regir en su vida. Su pasión por las almas es
ya legendaria. Este fue su plan de crecimiento para la iglesia.
William Bennett dice en su libro *William Booth* que "muy
pronto se halló en conflicto con su iglesia. Gracias a su empe-
ñosa obra evangelística al aire libre, Booth consiguió reunir a
un grupo de individuos rudos de los barrios bajos de Nottingham y los llevó a la iglesia, sentándolos en las bancas de
adelante. El aspecto, olor y ruido de los visitantes no agrada-
ron a la congregación..." La jerarquía de la iglesia estaba controlando el cumplimiento de la ley. Booth estaba predicando
el amor.

El cambió el libreto

A la temprana edad de 10 años fui invitado a la Escuela Dominical del Ejército de Salvación. Fui porque había un premio
en juego. En realidad, en los dos años siguientes fui sólo porque se ofrecía el aliciente de alguna golosina o actividad re-
creativa. El cuerpo era pequeño y pasaba por un período de
estancamiento. Ni siquiera me acuerdo del nombre de los oficiales del cuerpo durante aquel período.

Se nombraron oficiales nuevos. El *mandamiento de compasión* era la directriz de sus vidas. Sentían pasión por las almas. Este era su plan de crecimiento para la iglesia. Realizaron actividades al aire libre para los niños en toda la comunidad. Formaron una banda juvenil. Revitalizaron el cuerpo con su entusiasmo y amor. Al poco tiempo, el edificio del cuerpo resultó demasiado pequeño para sus necesidades. El Teniente Ed Henderson y su señora fueron mentores de amor.

Ellos cambiaron el libreto.

Nuestro primer nombramiento fue la apertura de un cuerpo nuevo. La Escuela de Entrenamiento para Oficiales nos había enseñado la manera tradicional de hacer las cosas: organizar la reunión, abrir las puertas, predicar el sermón—hubiera gente o no. Pero nos sentíamos frustrados, éramos un fracaso. Al poco tiempo designaron a un oficial divisional nuevo. El *mandamiento de compasión* regía su vida. Su prioridad era la pasión por las almas. Este era su plan de crecimiento para la iglesia. Nos exhortaba de esta manera: "Ejerciten su creatividad, prueben hacer algo diferente y sobre todo, visiten y amen a su gente". Lo hicimos. El cuerpo creció y floreció. El mayor Gene Rice y su señora fueron mentores de amor.

Ellos cambiaron el libreto.

De acuerdo a las estadísticas, los cuerpos del mundo occidental han ido declinando o manteniéndose sin cambio en los últimos años. Aparentemente el Ejército se ha consolidado en una zona cómoda. Los oficiales y soldados se han vuelto complacientes y reposados. Por otra parte, durante este tiempo la población ha "aumentado, diseminándose por todas partes". ¿Cuál es el problema?

Se designaron líderes nuevos en el Territorio Oeste de los Estados Unidos, y estos líderes proyectaron una visión ambiciosa y poderosa. Al comienzo, ésta nos resultó difícil de aceptar. Recuerdo las voces reprobatorias muy claramente. Sin embargo, avanzaron hacia el año 2000 y nosotros, como buenos pioneros, los seguimos ciegamente, aunque temerosos. No teníamos idea de lo que nos esperaba detrás de la montaña que veíamos adelante, pero enfilamos nuestras carretas hacia el oeste en dirección al sol poniente. A pesar de tener miedo, encontramos que había algo emocionante en dirigirse hacia lo desconocido. Hay riesgos y aventuras de por medio. La adrenalina empieza a fluir cuando los músculos se tensan. Nos alejamos de nuestras costumbres y aceptamos el desafío de ver las cosas de manera diferente. Pocos fueron los pioneros de lo desconocido, pero en los cinco años siguientes se abrieron 80 cuerpos nuevos y 40 puestos de avanzada. El *mandamiento de compasión* era una parte integral del plan de crecimiento de la iglesia de esos nuevos líderes. Los Comisionados Paul y Kay Rader eran mentores de amor.

Ellos cambiaron el libreto.

Ahora el libreto está en nuestras manos y está en tus manos y en las mías escribir el desenlace. Se necesita dedicación, práctica y determinación para seguir los pasos de Jesús y convertirse en mentor de amor en lugar de un mero contralor del cumplimiento de la ley. Te desafío a considerar cuidadosamente tu estilo de liderazgo—¿eres un conservador o un motivador, un mentor o un contralor?

¿Te unirás a mí en esta comunión de "cambiadores de libreto"? Los requisitos para ser miembro son simples: Mucho Amor, Nada de Miedo. ¡Unidos podemos alcanzar mayores alturas y romper las barreras de las limitaciones!

_____ *cambió el libreto.*

(Tu nombre aquí)

Puntos para reflexionar y dialogar:

- ¿Por qué fue tan importante que Jesús cambiara el libreto? ¿Cómo ha cambiado él el libreto de tu vida?

- Piensa en alguien que conozcas que se haya atrevido a cambiar el libreto, ya sea empezando un ministerio nuevo o cambiando el que ya existe. ¿Cómo lo hizo?

- Desde el momento en que se fundó, el Ejército de Salvación ha "cambiado el libreto". ¿Hemos seguido cambiando el libreto o nos hemos puesto demasiado cómodos?

- ¿Qué libretos es necesario cambiar en tu cuerpo? ¿En tu vida espiritual? ¿En tus relaciones con los demás?

10

Conectados ... en la misión

Id pues, pues, y entrenad para este modo de vida a todos aquellos que encontréis en vuestro camino marcándolos con el bautismo en el triple nombre: el Padre, el Hijo, y el Espíritu Santo ... Yo estaré con vosotros así como hagáis esto, día tras día, hasta el final de los siglos.

Mateo 28:19-20
El Mensaje

La evangelización no es una actividad libre de riesgos de la iglesia que vaya a sostener a una iglesia convencional, ni es tampoco una empresa rutinaria que vaya a sostener un status quo social. La evangelización es la actividad de una consciencia que ha sido transformada y ha dado como resultado una percepción diferente del mundo, del vecino, de uno mismo y es además una autorización para vivir de manera distinta en ese mundo.

Walter Brueggemann

A menudo he escuchado la frase "misión de un solo hombre (o mujer)". Este marco hipotético es una invención de la imaginación; es asunto de cuentos de hadas. Los héroes extraordinarios como Superman, la Mujer Maravilla y James Bond sólo existen en las mentes creativas de los guionistas de la pantalla grande o chica que reciben grandes salarios en Hol-

Hollywood. Estas misiones ficticias de héroes solitarios son creadas para darnos a nosotros, meros mortales, una excusa para escaparnos momentáneamente de la realidad. A menudo nos hacen sentirnos mal cuando nos damos cuenta de que no podemos "saltar edificios dando un brinco gigante" y (Dios nos libre) ¡de que en realidad necesitamos a los demás!

Jesús, sin embargo, tenía los pies en la tierra. La mismísima encarnación de Dios no funcionaba con mentalidad de "superhéroe". El sabía que no podía cumplir solo su misión en la tierra. Se dio cuenta del valor infinito de la comunidad y del trabajo en equipo. Y de que su tiempo era limitado; sólo tenía una oportunidad de tres años, un "nombramiento" de tres años en este planeta. En su sabiduría, la primera cosa que hizo fue seleccionar "un equipo de doce" para acompañarlo y trabajar con él hacia un objetivo común. Recuerda esto: ¡Jesucristo, el Hijo de Dios Todopoderoso, el Alfa y Omega, necesitó ayuda! Bajo su liderazgo y tutela este "equipo de doce" se conectó en la misión y comenzó un movimiento que un día abarcaría el mundo entero.

La visión de Jesús era inmensa: "que todo el mundo fuera salvo". Esta visión se extendía más allá de la población existente durante su ministerio de tres años en la tierra. Incluía a todas las almas que habían de poblar el planeta hasta su retorno. El sabía que esto era más que una "misión de sola una persona", por lo que instruyó a sus discípulos (tú y yo incluidos) de esta manera:

Id, y haced discípulos a todas las naciones...

¡Misiones en el barrio!

Se nos ha dado toda la autoridad (permiso) en el cielo y en la tierra ¿para qué? ¿Para destacarnos en la música? ¡No! ¿Para construir edificios hermosos? ¡No! ¿Para recaudar millones de dólares? ¡No! Si es cierto que hacer música lleva a ganar discípulos... ¡Sí! Si es cierto que construir edificios lleva a ganar discípulos... ¡Sí! Si es cierto que el dinero lleva a ganar discípulos... ¡Sí! Pues bien, estas cosas, aunque importantes, van en segundo lugar, primero está nuestra misión.

Se nos ha dado autorización para discipular a todas las naciones. A nosotros como discípulos se nos ha dado la autoridad de discipular. Está bien pero, "¿todas las naciones?" No sé tú, pero para mi mente limitada, un concepto tan global es difícil de concebir. ¡Es que parece tan amplio! Hay 6 billones de personas en este planeta. Hay un billón en la India, más de un billón en China solamente, con más de 58.000 bebés que nacen en esos países todos los días. ¡Haz el cálculo tú mismo! ¿Te sientes tan abrumado como yo?

Tan sólo el poder discipular a algunos en mi rinconcito del mundo parece a menudo una tremenda tarea. El dirigir el pequeño rebaño que me ha sido encomendado y del cual soy responsable es ya exigencia suficiente. "Todas las naciones" es algo que va más allá de mi capacidad de comprensión. Por lo tanto, concentrémonos por un momento en nuestro barrio. En Juan 1 se dice...

La Palabra se hizo carne y sangre,
Y se mudó al vecindario. (El mensaje)

Jesús se concentró en su vecindad local. Sus discípulos fueron seleccionados dentro de un área geográfica delimitada. Halló a Andrés pescando a orillas del Lago de Galilea, en las afueras de Capernaum. A poca distancia de la orilla encontró a Santiago y a Juan. Andrés encontró a Pedro, Felipe encontró a Nataniel. Ellos llevaron a sus parientes y amigos a Jesús, todos ellos de la vecindad de Cafarnaún. Jesús puso su energía en discipular a estos doce. No trató de disciplinar a cien. No fue a India, Africa, China, América ni Australia. Ni siquiera fue a Egipto, el Líbano o Jordania. Se dedicó a esos doce ahí en su propia vecindad.

Más tarde cuando ya habían sido guiados y bien enseñados por Jesús y dotados por el Espíritu Santo, los doce empezaron a alcanzar a los demás. Encontraron e hicieron un discípulo de Esteban, cuyo testimonio provocó un impacto que cambió la vida de Pablo. Pablo discipuló a Silas y Timoteo. En sus viajes misioneros empezaron a disciplinar a individuos de otras tierras y lugares. Eventualmente, el Evangelio se diseminó por todas las naciones. Tardó un poco menos de 1900 años en llegar a nosotros.

William Booth fue un producto de esta "cadena de discipulado". El empezó por discipular a unos pocos en su vecindario del este de Londres. Luego, Railton vino a América, Tucker viajó a India y Saunders se embarcó para Australia; todos ellos haciendo discípulos en el camino. Impulsado por esta clase única de salvacionismo con la que Dios nos ha privilegiado, el Ejército ha llegado a "todas las naciones"— 103 países en que el Evangelio se ha predicado en 147 idiomas (según el último cálculo).

Y ahora nos ha alcanzado a nosotros. A partir del pequeño grupo de discípulos de Jesús, se ha prendido y propagado el fuego santo de discipular, y nosotros somos producto de este ministerio de discipulado. Y todo empezó allí en el vecindario. Por fortuna, ha habido gente en el camino que se ha abocado a la tarea de discipular en su propio vecindario.

Pienso en los oficiales que llegaron a mi barrio cuando yo era pequeño. Aquel pequeño cuerpo del lado este de Londres luchaba por acrecentar el número de su filas con sólo un puñado de soldados. Ahora que puedo apreciar a distancia la situación en que ellos se hallaban, me doy cuenta de que los oficiales hicieron exactamente lo que hizo Jesús. Juntaron un "equipo de doce" (o quizás de diez, no lo recuerdo). Organizaron un concurso en la Escuela Dominical que estimulaba a los concursantes a que extendieran una invitación a las familias del vencindaro—a la nuestra, entre otras—como requisito para ganar el premio. Mis hermanos, mi hermana y yo aceptamos la invitación y pronto nos vimos involucrados en los programas juveniles de ese cuerpo. A su modo cada uno, los oficiales del cuerpo, el profesor de la Escuela Dominical, el consejero de los cadetes locales y el maestro de banda me discipularon todos ellos.

Debido a este cariñoso discipulado, yo respondí un día al llamado de Dios a ser oficial. En cada nombramiento junté mi "equipo de diez o doce" y me concentré en vecindarios específicos de California, Arizona, Hawaii, las islas Marshall y Micronesia. Los convertidos de aquellos vecindarios se concentran ahora ellos mismos en sus vecindarios. Ahora entiendo lo de "todas las naciones"; es gracias a esa experiencia que lo puedo entender. "Todas las naciones" son sólo vecindarios que se van sumando uno a otro y así sucesivamente. Este es un concepto que mi mente puede abarcar. ¡Mi visión ha mejorado!

El objetivo de Jesús—"todas las naciones"—es alcanzable cuando nos enfocamos en nuestro vecindario y rechazamos la idea de tratar de obrar solos. ¡Nada de héroes solitarios! Jesús no pudo hacer lo que hizo sin sus discípulos. ¿Cómo se nos ocurre pensar que somos más fuertes, más eficientes, más competentes que él?

Una declaración de misión con una sola palabra

En el pasaje de Efesios que citamos al comienzo de este libro (3:17-19), Pablo no se dirige a una persona en particular. Está hablando con la Iglesia ... *con todos los cristianos*. Lo diré de nuevo: surge el poder y la fortaleza del grueso de los números. Nuestro poder aumenta cuando trabajamos juntos. Cuando tratamos de hacer las cosas solos, chocamos contra las barreras y nos estrellamos contra nuestras limitaciones; pero no hay limitaciones cuando trabajamos, pensamos y nos movemos juntos. Debemos conectarnos en la misión.

Para poder conectarnos unos con otros, debemos entender primero cuál es la "misión". ¿Cuál es la misión del Ejército de Salvación? Tenemos una frase de tan sólo una palabra que describe la misión (está en nuestro nombre): ¡Salvación! Debemos volver hacia atrás y rescatar esta misión antes de poder ir hacia adelante y avanzar con poder y unidad hacia el siglo 21. En cierto sentido, debemos "volver al futuro" y comprender la verdad de que el mensaje determina nuestra misión y nuestra misión dictará nuestros métodos.

El mensaje del Evangelio que Dios nos ha confiado es fundamental para todo lo que hacemos. ¿Cuál es el mensaje? Nuevamente, es la declaración de nuestra misión en una palabra: salvación. "Cree en el Señor Jesucristo y serás salvo". "Porque de tal manera amó Dios al mundo, que ha dado a su Hijo unigénito, para que todo aquel que en él cree, no se pierda, mas tenga vida eterna. Porque no envió Dios a su Hijo al mundo para condenar al mundo, sino para que el mundo sea *salvo* por él" (Juan 3:16-17). ¿Cuál es nuestra misión? *Nosotros somos gente de salvación. Esta es nuestra especialidad. Salvarnos, mantenernos salvos y hacer que otros se salven.*

¿Cuáles son nuestros métodos? Los que se requieran para que seamos una gente de salvación. Debemos volver atrás y recuperar los valores fundamentales que dieron la energía al Ejército en sus primeros días. ¿Cuál fue el motor evangelizador que inspiró al Ejército en sus comienzos y que puede motivarnos a nosotros en el comienzo de este nuevo milenio? Exploremos esto un poco más retomando las palabras del apóstol Pablo:

> *Me he hecho débil a los débiles, para ganar a los débiles; a todos me he hecho de todo, para que de todos modos salve a algunos.*
> *(1 Corintios 9:22)*

¡Ataca, adapta, atrae—y salva a algunos!

Esas palabras "salve a algunos" hacen pensar. ¿Quiénes son esos "algunos" de los que habla Pablo? El no dice "a todos". El no dice "a quiénes". Dice simplemente "a algunos". Para el Ejército de Salvación esos "algunos" son aquéllos a los que nos acercamos con el Evangelio y aquéllos que eligen unirse a nuestras filas. En el pasado, presente y futuro, ellos suman el total de nuestra misión en este planeta. Pero ¿qué es lo que hace diferente a la misión del Ejército y por qué es que a "algunos" los atrae nuestra modalidad única de evangelismo dentro del Cuerpo de Cristo? Veamos las palabras de nuestra cofundadora, Catherine Booth, en su libro *Practical Christianity [Cristianismo práctico]*:

Vayan, no a construir templos o iglesias esperando que ellos se acerquen a ustedes; al contrario, vayan ustedes, corran tras ellos, búsquenlos y prediquen mi evangelio a TODA criatura. Capten con su mensaje la atención de todos ellos. La comisión que se le encargó a Pablo y, a través de él, a nosotros, contiene la misma idea, "Ahora os mando a vosotros para que abráis sus ojos"... Los envío a ustedes como heraldos míos para que los despierten, los remezcan, abran sus ojos, los hagan pensar y darse cuenta de las verdades de las cosas eternas. Debemos hacer esto como embajadores de Dios, les guste o no a los hombres. No debemos esperar momentos propicios, sino que debemos trabajar "a tiempo y fuera de tiempo" en esta urgente tarea.

Catherine Booth habla de un evangelismo agresivo. "Imponernos con nuestro mensaje" ha sido uno de los rasgos distintivos del Ejército. Nuestro sentido de urgencia y nuestros métodos agresivos y poco convencionales nos han distinguido y nos han permitido llegar a ser el Ejército singular que somos. La habilidad de adaptarnos también ha sido uno de nuestros atributos distintivos. La madre del Ejército también tiene algo que decir a este respecto:

Quiero que observen que la única ley que se establece en el Nuevo Testamento para la realización de esta clase de lucha agresiva, es la ley de la adaptación ... La adaptación, la efectividad; esa es nuestra única ley. La puedo comunicar haciendo uso de cualquier lenguaje que pueda hacer llegar el mensaje verdadero a la mente de aquél que preste oído ... La puedo enviar por medio de cualquier agente, desde un teólogo de gran intelecto hasta un bebé recién nacido en Cristo que no sabe leer ni una palabra ... ¿Y en qué consiste? En adaptarnos y modificar nuestras medidas a las formas sociales y espirituales de aquéllos a quienes deseamos beneficiar. Es aquí donde creo que nuestras iglesias han cometido errores graves en cuanto a la propagación del Evangelio en estos tiempos. Nos hemos quedado en los estereotipos y hemos sido reacios a abandonar la rutina de nuestros padres, a pesar de que ésta se ha vuelto poco atractiva para la gente; y más aún, muchas veces es lo que los lleva a alejarse ... Pero ustedes deben interesarlos. Deben presentarles la verdad y transmitírsela por todos los medios posibles con el fin de despertar su atención e interés. En resumen, debemos acercarnos a ellos ... Si ellos no vienen a nuestros edificios consagrados, debemos acercarnos a ellos en sus edificios no consagrados, o simplemente al aire libre, bajo el cielo... A no dudarlo, Jesús debe haber tenido una buena razón filosófica para haber escogido a pescadores. Obró de acuerdo al principio de la adaptación ... y escogió los instrumentos más apropiados para su propósito ... y los envió por los caminos y senderos, a los campos, al mercado, a la playa, a los cerros; en resumen, los envió donde se pudiera hallar a la gente.

Nada ha cambiado. Los mismos principios se encuentran en las Ordenes y Reglamentos para Oficiales:

... él [ella] no solo aprovechará los métodos de evangelismo tradicionales del Ejército, adaptándolos del mejor modo posible a las necesidades del momento, sino que probará nuevas y audaces formas de hacer que Jesús pueda llegar a ser conocido como el Salvador de todos los hombres. En otras palabras, él [ella] estará dispuesto a enfrentar el fracaso. En la economía divina, esto podría significar el camino hacia el éxito verdadero que es la glorificación de Dios.

Las dos estrategias de *atacar* y *adaptarse* son parte importante de la maquinaria evangelística que ha hecho destacarse al Ejército, distinguiéndonos de las otras denominaciones. Y si nosotros atacamos y nos adaptamos, *atraeremos* a "algunos". No los atraeremos a todos—ni al 100%, ni al 50%, ni siquiera al 25%, pero ciertamente a "algunos". Estos "algunos" no serán el mismo grupo de personas al que le atrae Willow Creek o Saddleback Valley o las Asambleas de Dios. Estos "algunos" que se unirán a nosotros los atraerá el estilo y particularidad del Ejército de Salvación, cualidades que le han sido dadas por Dios. Ellos serán el total de los "algunos" que llegarán a ser salvacionistas.

Se ha dicho que "nuestra mayor fortaleza es a veces nuestra mayor debilidad". En otras palabras, al tratar de ser todo para toda la gente, ¿no sucede que abarcamos poco, pues tratamos de hacer demasiado? No creo que sea necesariamente así, siempre y cuando nuestro cometido sea el correcto. Permítanme decirles que nuestra energía disminuye cuando nos dejamos abrumar por los "muchos", en vez de comprender que de los "muchos" vendrán los "algunos". Los programas del Ejército nos ponen en contacto con los "muchos". Nosotros damos comida en nuestros comedores, albergamos a mucha gente en nuestros recintos, enseñamos a muchos niños en nuestros campamentos, aconsejamos a mucha gente en nuestros cuerpos. De estos "muchos" vendrán los "algunos" que llegarán a Dios y abrazarán el estilo y visión únicos del Ejército de Salvación. Debemos ayudar a los "muchos", pero enfoquémonos en los "algunos". Los "algunos" serán los que renovarán nuestro espíritu y revitalizarán nuestro Ejército. Serán estos "algunos" los que traerán vida y perspectivas nuevas y los que llevarán a cabo la misión del Ejército en el nuevo milenio. Los invito a dedicar su tiempo a tender su "red de oración" alrededor de estos invisibles "algunos". Oremos para que Dios los conduzca hacia esos "algunos" que viven en nuestros vecindarios ... a esos "algunos" que cruzan las puertas del Ejército.

Suma los "algunos" y el total será "el resultado final" del Ejército:

$$\begin{array}{l} \text{Atacar} \\ +\text{Adaptar} \\ +\text{Atraer} \\ \hline =\text{Algunos} \end{array} \text{(1Cor. 9:22)}$$

Esta es la fórmula del Ejército para el evangelismo y la disciplina. Es nuestro sello distintivo y nuestra dinámica propia. Es lo que nos mueve y nos distingue.

¡Nuestro viejo ejército!

Estoy preocupado; me doy cuenta de que estamos perdiendo nuestro sello distintivo, nuestro nicho único dentro del Cuerpo de Cristo. La oración, la santidad (amor perfecto) y la misión (evangelismo) es lo que le da forma al ministerio del Ejército, que Dios ha establecido. Permítanme que les relate una historia del libro devocional *On This Day [En este día]*, que capta la esencia de este triple sello distintivo del Ejército:

Walter Lewis Wilson, médico y cristiano devoto, sufría por sus esfuerzos aparentemente inútiles de dar testimonio de su fe a los demás. Un día en 1913, un misionero francés de visita en su casa le preguntó: "¿Quién es para usted el Espíritu Santo?" Wilson respondió, "Una de las personas de la Deidad—maestro, consejero, tercera persona de la Trinidad". El misionero puso a Wilson contra la pared: "No ha respondido mi pregunta", le dijo. A lo que Wilson lamentablemente replicó: "No significa nada para mí. No tengo contacto con la Deidad y puedo arreglármelas bien sin ella".

Al año siguiente, el 14 de Enero de 1914, Wilson escuchó un sermón del clérigo James M. Gray de la Iglesia Episcopal Reformada y más tarde presidente del Instituto Moody Bible. Habiendo predicado sobre Romanos 12:1, Gray se inclinó sobre el púlpito y dijo: ¿Han notado que este versículo no nos dice a quién debemos entregar nuestros cuerpos? No es al Señor Jesús. El tiene su propio cuerpo. No es al Padre. El está en su trono. Es otro quien ha venido a la tierra sin cuerpo. Dios les concede el indescriptible honor de ofrecer sus cuerpos al Espíritu Santo para que ustedes sean su morada aquí en la tierra".

Wilson volvió a su casa y se arrodilló ante Dios. Allí, en la quietud de esa alta hora de la noche, oró: "Señor mío, te he tratado como a un siervo. Cuando te he necesitado te he llamado. Ahora te entrego este cuerpo desde mi cabeza hasta mis pies. Te entrego mis manos, mis piernas, mis ojos, mis labios y mi cerebro. Puedes enviar este cuerpo a Africa o a la cama con cáncer. Es tu cuerpo de ahora en adelante".

A la mañana siguiente llegaron a la consulta de Wilson dos mujeres a vender publicidad. El las guió con toda prontitud hacia Cristo. Este fue el comienzo de una vida de pasión evangelística y de plenitud. Más tarde Wilson fundó la Iglesia Central Bible en Kansas City, la Misión Indígena Flagstaff y el Calvary Bible College. También escribió el bestseller *The Romance of a Doctor's Visits [La historia de las visitas de un doctor]*. En repetidas ocasiones dió testimonio del encuentro con el Espíritu Santo que le cambió la vida: "Con respecto a mi propia experiencia con el Espíritu Santo, la transformación radical de mi vida el 14 de enero de 1914 fue mayor que el cambio que sucedió cuando fui salvo el 21 de diciembre de 1896".

La sincera oración de entrega de Walter Wilson lo llevó a una vida de obediencia a Dios. Una vida de oración y santidad lo llevó hacia una vida de misión fructífera, de evangelización creadora, agresiva y adaptable. Como salvacionistas, este es un modelo que debemos imitar porque contiene los tres valores fundamentales que han formado al Ejército y que continuarán sosteniéndonos ante los desafíos de una nueva era. ORACION: base de todo lo que somos y esperamos ser. SANTIDAD: el encuentro con el Espíritu Santo de Dios que cambia la vida. MISION: evangelismo agresivo y adaptable—ayudando a los demás a tener una relación de salvación con Jesucristo. Estos tres valores fundamentales están resumidos en la visión de William Booth, una visión que hizo a este Ejército algo único y que es tan importante hoy como lo fue en el comienzo: salvarse, mantenerse salvo y salvar a otros—ORACION, SANTIDAD, MISION.

Te invito a que hagas de estos tres valores críticos y formativos parte integral de tu vida y a que ores para que los acojamos a todos los niveles de liderazgo del Ejército—el cuerpo local, y los cuarteles divisional, territorial, nacional e internacional. Somos un "buen Ejército" y con la ayuda de Dios seremos aún mejores en los tiempos venideros.

Esta es mi visión. Esta es nuestra misión. Esta es mi prioridad. Esta es nuestra tarea. Se deben comprometer y dirigir todos los recursos hacia este fin porque si entendemos bien esta visión, no tendremos que preocuparnos por las estadísticas. Si lo hacemos bien no tendremos que forzar, persuadir ni presionar. Si lo hacemos bien nuestra imagen corporativa será positiva a la luz del plan que Dios tiene para nosotros. A través de esta claridad de visión, Dios bendecirá este territorio mas allá de nuestras más doradas esperanzas. ¡Está en el libro!

¿Saben? Dios lo puede todo—¡muchísmo más de lo que se podrían imaginar o pedir en sus más dorados sueños!
(Efesios 3:20, *El Mensaje*)

Puntos para reflexionar y dialogar:

- Piensa en la siguiente palabra como expresión de lo que es la misión del Ejército: salvación. ¿Qué significa realmente esta palabra en tu relación con Dios y con los demás?

- Piensa en tu vecindario. ¿Cómo puede relacionarse esta triple estrategia de *atacar, adaptar* y *atraer* con el lugar donde tú vives? ¿Cómo podrías llevarla a la práctica en el lugar mismo donde tú vives?

- ¿Tienes una visión de lo que debería ser el evangelismo? Piensa en términos de "comunicar las buenas noticias a alguna persona por la que sientes cariño". ¿Quién es esa persona para ti? ¿Qué puedes hacer esta semana para compartir la buenas noticias con ella o él?

- ¿Cómo le está yendo a tu cuerpo con esta triple visión salvacionista que comprende Oración, Santidad y Misión? Anota tres cosas bajo cada categoría que les ayudaría a implementarla con mayor eficacia.

11

Avanzando unidos con eficiencia ... en la misión

... hasta que todos nos movamos ... de manera eficiente en respuesta al hijo de Dios ...

Efesios 4:13
El Mensaje

Sean alegres. Mantengan las cosas en buenas condiciones. Mantengan sus espíritus en alto. Piensen en armonía. Sean agradables. Hagan todo eso, y el Dios de amor y paz estará con ustedes con toda seguridad.

2 Corintios 13:11
El Mensaje

La cristiandad se equivoca desastrosa y peligrosamente cuando adora a Jesús pero no lo sigue.

Kenneth Leech

Movernos juntos de manera eficiente es movernos como un solo cuerpo, cada uno de cuyos miembros es sano y productivo. Para movernos juntos de manera eficiente, debemos avanzar por un mismo camino y movernos en la misma dirección. Nosotros seguimos el camino que nos muestra Cristo ... El nos ayuda a avanzar al mismo paso con los demás (Efesios

4:15-16, El mensaje). La eficiencia de nuestro ministerio está íntimamente relacionada a la forma en que llevamos el compás de nuestro llamado. Cristo marca el compás y nosotros seguimos su sabio y amoroso ritmo.

¡De frente, marchen!

La Infantería de Marina me enseñó algunas valiosas lecciones, aunque un tanto dolorosas. Había 80 reclutas nuevos en mi pelotón, la mayoría de ellos provenían del lado este de Chicago. El juez les había dado a un número de ellos sólo dos opciones: la Infantería de Marina o la cárcel. Muy pronto varios de ellos se lamentaron de no haber elegido la otra opción. Sobre todo al comienzo, había mucho trabajo y poca diversión. Las primeras palabras que el instructor nos dirigió fueron, "Yo soy Dios. Soy todopoderoso. Soy el que todo lo sabe. ¡Estoy en todas partes! ¡Ustedes adorarán el suelo por el que camino!" Desde el principio nos inculcó el temor a Dios en nuestros corazones.

Nos dividieron en ocho patrullas de diez, cada patrulla marchaba detrás de la otra. Hasta el día de hoy no he podido entender por qué habían colocado a los reclutas más altos en la patrulla uno y a los más bajos en la patrulla ocho. No cabe duda de que se trataba de una lógica especial. A mí me seleccionaron como el líder de la patrulla ocho—el grupo de los bajos. Ubicados al final de todo el pelotón, teníamos que trabajar el doble para poder mantenernos al ritmo con las demás patrullas.

Las primeras semanas fueron agitadas y graciosas. Sin embargo, no caí en la cuenta de lo graciosas que habían sido hasta que la experiencia del campamento de adiestramiento ya era historia. Teníamos que aprender un idioma totalmente nuevo, un idioma misterioso y casi incomprensible. Por ejemplo, al poco tiempo de haber llegado, el instructor nos alineaba y gritaba, "¡Hoa atch!" (traducido: "¡De frente, marchen!") Al no entender los enigmáticos mensajes de nuestro líder, no atinábamos a nada y nos quedábamos petrificados, como golpeados por un rayo. El instructor nos increpó con un intenso desprecio. "Para su información chiquillas," nos gritó, "¡eso significa comenzar a moverse hacia adelante!"

En consecuencia, comenzábamos a movernos. Eramos unos novatos, ¡pero reconocíamos una orden cuando la oíamos! A medida que progresábamos, empezamos a escuchar algunos sonidos extraños, roncos y monótonos que salían de los valientes labios de nuestro líder. "O da la hay, o, aye, o da la hay, o, aye!" gritaba (traducido: "¡Doblen a la izquierda, derecha, izquierda! ¡Doblen a la izquierda, derecha, izquierda!) A pesar de la cadencia rítmica que quería imponer a nuestro paso, marchábamos con muy poca coordinación. "Voy a hacer de sus vidas un infierno", gritaba la Voz, "¡hasta que cada pie izquierdo toque el suelo al mismo tiempo!" Lo hizo. Y ... aprendimos a movernos juntos ... a la larga.

Justo cuando ya se podía ver algo de orden en nuestra indisciplina, se nos impartía una nueva orden que nos resultaba imposible descifrar de buenas a primeras. ¡"Ooh ah ite, huh!" (traducido: "¡A la derecha, doblen!") De nuevo al no entender nosotros seguíamos marchando derecho. Después de una muy detallada lección de idiomas, nuestro líder repitió la orden. Fue entonces que se hizo el caos total al doblar "cada uno por su lado". Con esta torpe demostración de incompetencia, le bajó tal rabieta a nuestro instructor que pronto estábamos en el suelo haciendo 40 flexiones.

A medida que seguimos practicando el paso de marcha dándole duro al asfalto con nuestras botas, el instructor siguió embutiéndonos en la cabeza ese sonido unísono de 80 hombres en marcha, como el sonido de un solo pie que golpeaba el suelo, y nos inculcó además lo perfecto que ese sonido colectivo podía llegar a ser. Hacia la 13ª semana, aquel hombre que habíamos aprendido a adorar como a un dios, ¡había logrado un milagro! Este hombre había tomado a 80 pedazos de arcilla y los había moldeado hasta formar con ellos un ser disciplinado, viviente y que respiraba. La respiración de su ritmo fluía por nuestras venas, nuestros músculos, nuestros cerebros. Nuestro pelotón, patético y descoordinado al principio, se convirtió en una máquina que marchaba perfectamente alineada. El sonido de un solo pie colectivo que golpeaba el suelo era música a nuestros oídos. Todo lo que éramos, pensábamos y hacíamos estaba impregnado de unidad.

Ustedes fueron llamados a viajar por el mismo camino y en la misma dirección, de tal manera que permanezcan juntos, tanto en lo exterior como en lo interior. Tienen un Maestro, una fe, un bautismo, un Dios y un Padre de todos, que lo dirige todo, trabaja con todos y está presente en todo. Todo lo que ustedes son, piensan y hacen está impregnado de unidad. (Efesios 4:4-6, *El Mensaje*)

Su respiración y su sangre fluyen a través de nosotros, nutriéndonos para que crezcamos saludables en Dios, robustos en el amor. (Efesios 4:16, *El Mensaje*)

¿Sientes el ritmo?

Dios estableció un ritmo. El ordenó el universo y lo puso en movimiento. No nos toca a nosotros establecer el ritmo.

Nosotros seguimos el camino que nos muestra Cristo ... El nos ayuda a avanzar al mismo paso con los demás.

Escuchen el sonido de su compás:

> *Un mandamiento nuevo os doy: Que os améis unos a otros; como yo os he amado, que también os améis unos a otros. En esto conocerán todos que sois mis discípulos, si tuviereis amor los unos con los otros.* (Juan 13:34-35)

> *Este es mi mandamiento: Que os améis unos a otros, como yo os he amado. Nadie tiene mayor amor que este, que uno ponga su vida por sus amigos ... Esto os mando: Que os améis unos a otros.* (Juan 15:12-13, 17)

> *Yo pues, preso en el Señor, os ruego que andéis como es digno de la vocación con que fuisteis llamados, con toda humildad y mansedumbre, soportándoos con paciencia los unos a los otros en amor, solícitos en guardar la unidad del Espíritu...* (Efesios 4:1-3)

¿Sientes el ritmo? "¡O da la hay, O aye. O da la hay, O aye!" Traducido: "Que os améis unos a otros como yo os he amado. Que os améis unos a otros como yo os he amado".

A pesar de nuestras diferencias, una vez que aprendamos a marchar al ritmo del amor de Cristo conseguiremos mantener en el paso con los demás, y este Ejército marchará hacia adelante con energía y renovada eficiencia. Escuchen el ritmo de esta vieja canción de Ejército:

Soldado valiente, que luchas por el Señor,
Mantén el paso todo el tiempo;
Ponte tu armadura, toma tu escudo y espada,
Mantén el paso todo el tiempo.
Adelante, adelante, es la orden del Señor,
Por la causa del bien avanza con la frente en alto,
Sigue marchando hacia adelante hasta la tierra prometida,
Y mantén el paso todo el tiempo.

Alfred Herbert Vickery

El amor a Dios y de los demás es lo que le da ritmo a nuestra marcha. Sin él, sólo somos un tambor que mete ruido, un címbalo que nos hace doler los oídos, un pelotón que no sabe llevar el compás.

Que os améis unos a otros... Que os améis unos a otros...
Que os améis unos a otros...

¿SIENTES EL RITMO?

Puntos para reflexionar y dialogar:

- Discute la cita al comienzo de este capítulo, "La cristiandad se equivoca desastrosa y peligrosamente cuando adora a Jesús pero no lo sigue". ¿Estás de acuerdo con esta afirmación?

- ¿Está marchando el cuerpo al que perteneces de una manera unida y a un mismo compás, como "un solo pie que golpea el suelo"? Si no es así, ¿qué impide que esto suceda? ¿Qué se puede hacer para mejorar el ritmo colectivo de tu cuerpo?

- ¿Quién o qué establece el ritmo en tu vida?

12

Mentores ... en la misión

Recuerden, nuestro mensaje no está centrado en nosotros; lo que hacemos es proclamar a Jesucristo, el Maestro. Somos sólo mensajeros, mediadores de Jesús ante ustedes. Todo comenzó cuando Dios dijo, "¡Ilumina la obscuridad!" y nuestras vidas se llenaron de luz cuando pudimos ver y comprender a Dios al encontrarlo en el rostro de Cristo, brillante y hermoso.

2 Corintios 4:5-6
El Mensaje

Cuando Dios vive en nosotros, él nos invita a ser servidores, a someternos al bienestar del cuerpo y, en consecuencia, al del mundo. Cuando Dios vive en nosotros, la comunidad adquiere poder para cantar la fe—y, luego, para vivirla.

Marva J. Dawn

El trabajo en la misión es "trabajo de servidores bien calificados".

Quien desee ser grande, debe llegar a ser un servidor. Quien desee ser el primero entre ustedes, debe ser esclavo de ustedes. Eso es lo que el hijo del Hombre ha hecho; él vino a servir, no a ser servi-

do—y luego, a dar su vida a cambio de los muchos que viven en cautiverio. (Mateo 21:26-28, *El Mensaje*)

Cuando Jesús terminó su discurso, el público estalló en aplausos. Nunca habían escuchado una enseñanza como ésta. Era aparente que él vivía todo lo que decía—¡al contrario de los maestros de religión! Esta fue la mejor enseñanza que jamas habían recibido. (Mateo 7:28-29, *El Mensaje*)

La vida de Jesús encarna su mensaje. Todo lo que dijo y enseñó, él lo hizo. No había separación entre la misión de Jesús y su vida. ¡Probablemente ésa es la razón por la que tuvo un impacto tan poderoso en la gente! Estudia y trata de entender cómo lo hizo. Imita su vida. Duplica sus acciones. Presta mucha atención a esa perfecta coordinación entre lo dicho y lo hecho. Su vida fue una vida íntegra, con cada aspecto—fe, palabras, hechos—en total armonía unos con otros. La enseñanza que Jesús impartió a los demás era un reflejo de la integridad de su propia vida.

Si seguimos el liderazgo de Jesús y aprendemos bien a armonizar en nuestros propios actos lo que decimos y lo que hacemos, aprenderemos a ser buenos mentores. La combinación correcta de estos dos factores es el equilibrio entre lo dicho y lo hecho. *Jesús vivió todo lo que dijo.* Después de un "seminario-maratón de entrenamiento" sobre lo que es la misión, bajó de su refugio en lo alto de la montaña e inmediatamente puso sus palabras en acción. No sólo habló acerca de su misión; pues nótese que no preparó una declaración de su misión escrita con bellas palabras; no escribió un libro de estrategia de misión que alcanzaría un récord de ventas; no hizo una gira dictando seminarios sobre "Como comenzar y una misión". ¡No! Sino que ...

tocó a un leproso... *tu vida limpia y agradecida, no tus palabras, será el testimonio de lo que yo he hecho,* nos dijo. En otras palabras: *No digas lo que hago, haz lo que digo.*

tocó su mano... *y la fiebre desapareció. Pronto ella se levantó y preparó comida para él.* En otras palabras: *No digas lo que hago, haz lo que digo.*

permaneció en contacto con los pecadores... *¿Que clase de ejemplo es éste que te ofrece tu maestro, mostrándose amigable con los criminales y con la chusma?,* le preguntaron. *Estoy aquí para invitar a los que están fuera, no para mimar a los que están dentro,* dijo Jesús. En otras palabras: *No digas lo que hago, haz lo que digo.*

tocó sus ojos... *y ellos pudieron ver. No dejen que nadie sepa cómo ocurrió esto,* les dijo Jesús. En otras palabras: *No digas lo que hago, haz lo que digo.*

reaccionó con compasión... *Estaban tan confundidos y sin saber qué hace ni a qué atinar, como ovejas sin pastor. "¡Que cosecha más enorme!",* le dijo a sus discípulos. *¡Tan pocos trabajadores! De rodillas y a orar para que nos llegue ayuda para la cosecha'.* En otras palabras: *No digas lo que hago, haz lo que digo.*

Vive la misión. Intégrate a la misión mostrando un estilo de vida que hable más fuerte que las palabras. Haz que su misión se convierta en un tesoro vivo de trabajo y de servicio diestro. Y luego ... enseña la misión. Combina el decir con el hacer. En nuestra cultura sobrecargada de medios de comunicación, las palabras sobran y, por consiguiente, tus palabras sonarán vacías si no las acompañas de la elocuencia de una misión comprometida y participativa. Servir de mentor de una manera eficaz es algo muchísimo más profundo que decir unas meras palabras. Las palabras son sólo la superficie del hondo mar de la compasión y el talento humano.

Viviendo más allá de los libros

Era el año 1965. Pronunciaron mi nombre y me puse de pie temblando ante el comandante territorial, quien parecía un hombre de dos metros de altura, un coloso en el escenario lleno de gente. En una voz que hizo eco en el auditorio, dijo, "Lo comisiono como teniente y ..." Paró en la mitad de la frase. Mi corazón también se detuvo. "Este es el año del centenario del Ejército de Salvación," continuó, "y tenemos un nombramiento muy especial para usted". Hizo una pausa nuevamente; yo entré en pánico. El vaciló un momento. Yo apenas podía respirar. Prosiguió con rapidez: "¡Lo hemos asignado para que inaugure la obra del Ejército de Salvación en Flagstaff, Arizona!" Un sentimiento de conmoción me mantuvo bien erguido mientras regresaba torpemente a mi lugar, pero sólo después de haber dicho algo incoherente entre dientes y de haber saludado con la mano equivocada.

Fui a mi nombramiento "del centenario", pero el sentimiento de pánico se había apoderado de mí con una especie de quejumbrosa inercia. No tenía idea por dónde debía comenzar. Mi cabeza estaba llena de palabras que me habían inculcado durante todo el proceso de entrenamiento—buenas palabras—teorías clásicas y estudios de casos específicos de evangelismo y de visitaciones. Cómo ganar almas según nos lo enseñan los libros. Sin embargo, al poco de haber llegado a Flagstaff, me encontré cara a cara con la vida real. En ese punto donde "la rueda entra en contacto con el pavimento", hallé que casi siempre existe un gran abismo entre la teoría y la práctica.

Desempacamos nuestros libros de texto y nuestros apuntes de clases. Preparamos nuestros esquemas para la celebración de las reuniones de acuerdo a la fórmula prescrita y estudiamos con aplicación nuestros mensajes para asegurarnos de que fueran homiléticos y de que fueran hermenéuticos. Pusimos un aviso en la hoja dedicada a las iglesias en el periódico local y contratamos servicios de anuncios públicos en la estación de radio local. Colgamos un gran estandarte en la fachada de nuestro edificio, tal como nos habían indicado, y oramos tal como se nos había enseñado: petición, alabanza, agradecimiento. Con mucha expectación (¡seguramente debía existir un premio por hacer todo correctamente!), abrimos las puertas el primer domingo por la mañana y ... no apareció nadie. Seguimos implementando esos ejemplos sacados de los libros al pie de la letra, pero tampoco llegó nadie. Hasta ahí llegamos con los libros.

Desesperados, pedimos ayuda. Habíamos oído hablar acerca de un ministro nazareno cuyo nombre era E.W. Munger y que sostenía que podía doblar en una semana el número de asistentes a la Escuela Dominical. ¿De dos miembros a cuatro? ¡Bueno, por lo menos eso apunta en la dirección correcta! Llamé—él vino. Nos enseñó—nosotros lo escuchamos. Pero, no se detuvo ahí. Lo llevó un paso—¡qué digo!— muchos pasos más allá. Guiándonos a través de todo el proceso de enseñanza paso a paso, él fue mas que un maestro, fue un muy bienvenido y sabio mentor.

Comenzó con lo elemental: Toda misión comienza con una visión. "¿Cuántos asistentes te gustaría ver en la Escuela Dominical el próximo domingo?", nos preguntó. "¡Cien!" Contesté sin vacilar. Cien era el número mágico. Cien era el desafío más remoto. Cien era mi definición de éxito y triunfo, el apogeo, el galardón final. No podía ni siquiera pensar en un número superior a 100. Muy pocos cuerpos en el territorio habían quebrado la barrera de los 100. La verdad es que, a pesar de que yo decía 100, secretamente habría estado contento con 50 o 75 ... o 25, o incluso cuatro. *Mi visión estaba limitada por mi experiencia personal de la vida.*

El reverendo Munger me guió hacia las enseñanzas de Jesús: las parábolas de la semilla de mostaza (Mateo 13:31-32), de la red (Mateo 13:47-50), de la gran cena (Lucas 14:15-24). El era sutil, era amable, era persuasivo. "¿Porqué no consideras una meta de 500?", me desafió con firmeza. "¿Quinientos?" Me quedé atónito. "Cómo los vamos a traer aquí? ¿Dónde los vamos a poner? ¡No tenemos ningún líder ni maestro! ¿Cómo los vamos a controlar?" *Mi visión estaba limitada por mis recursos.*

"Créeme," me dijo. "El Señor proveerá." Luego él me enseñó a conocer la experiencia de Jesús y el milagro de la alimentación de los 5.000 (Juan 6:1-14). "Pero hay una enorme diferencia entre Jesús y yo," tartamudeé. "El era un líder carismático. Sus extraordinarias obras ya lo habían hecho famoso. Era una celebridad y un fenómeno. Sus milagros ya habían atraído a la gente hacia él. ¡El era el hijo de Dios! ¿Quién soy yo?" *Mi visión estaba limitada por mi falta de confianza en mí mismo.*

El Reverendo Munger me guió a través del libro de Exodo y me hizo traer a la memoria el gran "YO SOY" (Exodo 3:14). El acentuó y personalizó la promesa de Dios a Moisés: *Yo estaré contigo...* (Exodo 3:12)

"Todavía no estoy seguro," fue mi respuesta cautelosa. "Creo que preferiría evitar los riesgos para no arrepentirme de nada más tarde," fue mi temerosa respuesta. "Es más cómodo pensar en chico y tener éxito que pensar en grande y fracasar," pensé. "¿Y si organizamos esta gran fiesta y no viene nadie?" *Mi visión estaba limitada por mi temor al fracaso.*

Luego, acudimos a las enseñanzas de Cristo sobre el reino de Dios:

Mas buscad el reino de Dios, y todas estas cosas os serán añadidas. No temáis, manada pequeña, porque a vuestro Padre le ha placido daros el reino. (Lucas 12:31-32)

Sin darnos cuenta, el Reverendo Munger nos había enseñado a desarrollar un visión. La visión comenzó a tomar forma en nuestro subconsciente para luego brotar y florecer en la lucidez de nuestra consciencia. ¡Comencé a ver las posibilidades! "¡Vayamos por 300 nuevos miembros!", exclamé de manera triunfante. Nunca olvidaré esa mirada de inteligencia con la que aprobó a la vez mis palabras. Sospecho que esta era el objetivo que él se había propuesto desde el comienzo.

¿Pero como avanza uno del punto de partida que es la visión a la realidad práctica que es la misión? Descubrí que esta habilidad no se adquiere en un dos por tres y que no te la entregan en una bandeja de plata. La visión lo abarca todo y se extiende e inspira todos los aspectos del proceso. Seis son los ingredientes que se deben incluir en el proceso de aprender a desarrollar una visión si uno se propone romper la barrera de las limitaciones.

Deseo—*Quiero realizarla*
Conocimiento—*Cómo he de realizarla*
Trabajo duro—*Tengo la voluntad de realizarla*

Determinación—*Voy a realizarla*
Persistencia—*Debo realizarla*
Fe—*Puedo realizarla*

El Reverendo Munger me hablo y me enseñó todo lo que implica la fórmula que podríamos llamar "Misión posible." Yo ya tenía el deseo (el *Quiero realizarla*). Eso es lo que me hizo acudir a él en un principio y él sabía eso perfectamente bien. Siendo el sabio mentor que era, también sabía que mi intenso deseo de producir resultados evangelísticos positivos era un buen augurio de futuros éxitos.

El Reverendo estuvo con nosotros durante una semana y durante ese período, nunca dejó de enseñar. Bajo su guía, comenzamos a hacer visitas de puerta a puerta. Yo temblaba. El se sentía confiado. Yo escuchaba con atención mientras él hablaba con voz firme y segura. ¡Ninguna puerta nos fue cerrada! Las diversas personas a las que visitamos se mostraron muy acogedoras y escucharon su mensaje con cortesía. Muchos respondieron de forma positiva.

Con cada paso, fui adquiriendo confianza. Con cada nueva puerta que se abría, me fui haciendo de más valor. Con cada cuadra que caminaba, mi paso se hacía más resuelto y aumentaba la alegría que sentía en mi alma ... hasta que me dijo, "Ahora te toca a ti". En un segundo mi semblante se hizo gelatina y el pánico se apoderó de cada molécula de mi cuerpo. El se quedó a mi lado mientras yo, como Moisés, tartamudeaba y balbuceaba, olvidando el texto que me había enseñado y echando a perder completamente la presentación. El, como Aaron, me rescataba con la frase perfecta y terminé la presentación. Por qué no se me había ocurrido antes: "¿Le parecería bien a usted si algún miembro de su familia visitara el Ejército de Salvación un domingo de éstos? ¿Le parecería bien?" Imagínense mi sorpresa cuando la persona del otro lado de la puerta dijo, "Pero, claro que me parecería bien". ¡Perfecto!

En ese preciso momento aprendí una de las lecciones más importantes de mi vida: Joe Noland por sí mismo juega un papel secundario en el éxito de la misión. El es solamente un medio mediante el cual se realiza la obra del Espíritu Santo. Dios honrará mis magros esfuerzos sin importar lo mal que lo haga, pero debe estar claro que no puedo hacerlo solo. ¡Necesito ayuda! Como yo no poseo todas las virtudes, necesito al Reverendo Munger y necesito al Espíritu Santo. También necesito las virtudes de muchas otras personas si voy a estar bien entrenado para realizar el trabajo de un servidor bien calificado. Si aprendemos esta lección de manera adecuada, romperemos la barrera de las limitaciones.

Como mentor mío, el Reverendo Munger me dio a conocer a fondo todo lo que envuelve el proceso evangelísitico y me enseñó *cómo* hacer las visitas para obtener ciertos porcentajes y resultados; *cómo* preparar un folleto atractivo y convincente; *cómo* planificar una reunión de Escuela Dominical que resulte emocionante y que capte la atención de los asistentes; cómo armar un plan temático de largo alcance; *cómo* realizar programas de seguimiento y de visitaciones para poder mantener la continuidad y obtener resultados duraderos. El no sólo me *dijo* cómo realizar la misión—me mostró *cómo* realizarla.

El evangelismo es un deporte de contacto físico

El también me mostró que el *saber hacerlo* debe ir acompañado de la *voluntad de hacerlo*. Cada día de nuestra campaña comenzaba a las 8 a.m. con un estudio de la Biblia centrado en el concepto de cómo se puede proyectar una visión. Comenzábamos a golpear puertas a las 9 a.m., nos deteníamos para almorzar por 15 minutos en un McDonald's y para cenar 20 minutos en Kentucky Fried Chicken. El último timbre que tocábamos sonaba a las 9 p.m. Seguimos esta rigurosa rutina por seis días seguidos hasta que hubimos bendecido cada hogar en esta zona con nuestra presencia. El Reverendo Munger y su compañero se hacían cargo de un lado de la calle y nosotros del otro, cada uno de nosotros iba visitando casa por medio. Este tren aceleraba el pulso y era para romperse la espalda. Era un trabajo durísimo y requería de una gran fuerza de voluntad para continuar haciéndolo. Ayudaba mucho el hecho de que nuestro mentor estuviera a nuestro lado empujándonos y azuzándonos para avanzar.

Durante este proceso de enseñanza práctica, él me enseño más cosas acerca de lo que es la determinación *(voy)* y persistencia *(debo)* de las que había aprendido en toda mi vida.

El me enseñó no sólo con las palabras sino con el ejemplo de su vida. El encarnaba su mensaje.

Más importante aún que esto, pude apreciar la medida de su fe. Los resultados probaron más allá de cualquier duda que nosotros "podemos hacer todas las cosas a través de Cristo." El Reverendo Munger nos facilitó cada uno de los recursos que se nos fueron haciendo necesarios, incluyendo el arriendo de un bus y un ministro nazareno que sirviera de chofer. Para probar mi idea del *puedo realizarla*, quiero compartir contigo los acontecimientos de ese "Día domingo de visitaciones".

Ese domingo por la mañana nos despertamos con una tormenta de nieve. No era una señal esperanzadora. Y el Reverendo Munger, nuestro guía y alentador, había partido a celebrar sus propias reuniones en California. Como él no estaba ahí para apoyarnos, nuestra visión se redujo rápidamente de 300 a tres. "Quizás alguien vendrá," murmuramos desesperanzados. ¡Y alguien vino! Para nuestra sorpresa y delicia, 150 "álguienes" llegaron esa mañana.

Habíamos arrendado un auditorio para la Concentración de la Escuela Dominical para la tarde. Despedimos al chofer del bus y no esperábamos sino que el bus regresara vacío. Estabámos absolutamente convencidos de que todo el duro trabajo que habíamos hecho había sido inútil. Para sorpresa nuestra, nuestro pesimismo se vino abajo cuando el bus regresó repleto de pasajeros. "Un número igual a los que traje están esperando que los pase a buscar", dijo el chofer. No sabíamos qué hacer. Este era un problema para el cual no nos habíamos preparado. Presa del pánico, oré apresuradamente y tomé una rápida decisión. "Ve a buscarlos", dije. "Entretanto, celebraremos nuestra primera reunión". Hicimos entrar a todos y celebramos la primera Concentración de la Escuela Dominical. Justo cuando estábamos terminando, llegó el segundo bus. Mientras se bajaban del bus por la puerta de atrás, hacíamos entrar al primer grupo por la puerta de adelante. "Hay otro tanto de gente más esperando a que los recojamos", dijo el chofer. A estas alturas la adrenalina estaba fluyendo a chorros. "¡Ve a buscarlos!", grité. Mientras el chofer hacía su viaje, celebramos la segunda reunión. Este proceso se repitió una tercera vez esa tarde. Con la reunión de la mañana más las tres reuniones de 30 minutos, entretuvimos, dimos fuerza, enseñamos, y difundimos las buenas nuevas a un total de 325 personas, ¡nos habíamos excedido de nuestra meta por 25!

Hemos repetido este proceso muchas veces. Así como el Reverendo Munger nos sirvió de mentor a nosotros, nosotros hemos servido de mentores a muchas otras personas. Con cada nueva campaña que emprendíamos, nuestra confianza fue aumentando y nuestra visión agrandándose. La asistencia más numerosa que tuvimos superó los 1.000. El Reverendo Munger, nos llevó de la mano y nos mostró cómo llevar a la práctica lo que decíamos con palabras. Cuando nosotros estuvimos listos para hacerlo, él nos alentó a ir de lo dicho a lo hecho. En otras palabras ... *No digas lo que hago, haz lo que digo y hago.*

Una explosión de evangelismo

En nuestro último nombramiento en el cuerpo tuvimos una experiencia similar, usando las mismas herramientas del programa *Explosión de Evangelismo*. Dios usó este programa de una manera poderosa y pudimos ver a nuestro cuerpo crecer por esa razón. Una vez más, este programa de evangelismo y discipulado envuelve la enseñanza a partir de una relación pedagógica entre mentor y discípulo. Se entrena y se convierte en discípulo a una persona. Al mismo tiempo, se desafía a esa persona a reclutar, entrenar y a convertir en discípulo a otra persona. Y así sucesivamente. Basado en la idea de misión y en la enseñanza por medio de un mentor, este programa pasó a formar un cimiento fuerte tanto para la formación de discípulos como para el evangelismo. Aplicamos el plan, y el plan funcionó.

Debemos ser serios en cuanto a estos programas de misión y de enseñanza por medio de mentores si queremos romper la barrera límite. Uno "aprende" la misión, "la capta" y luego "la enseña". Tiene que ver con mucho más que meras palabras. Existen muy buenos programas de misión en distintas partes del país y muchas herramientas disponibles para ayudar a la realización de este importante proyecto. Pero, por cierto, éste comienza con una visión—*tu* visión. Mezcla en una medida saludable *el quiero, con el cómo, la voluntad, el voy, el debo y el puedo*. Enciende un "fuego del Espíritu Santo" para sustentar todo ello y tu ministerio crecerá de manera explosiva.

¡Alcanza y experimenta la amplitud! ¡Examina su alcance! ¡Sondea las profundidades! ¡Asciende a las alturas! Vive una vida plena, plena en la plenitud de Dios.

Mientras otros te sirvan de mentores y tú sirvas de
mentor a otros, en la medida que llegues a ser más hábil en tu
trabajo de siervo calificado, a medida que llegues a apasionarte
más por la misión, en la medida que comiences a explorar las
posibilidades que encierra tu situación, guarda en mente las
siguientes palabras:

*¡Dios puede hacer cualquier cosa—mucho más de lo que puedes
imaginar o adivinar o pedir en tus más increíbles sueños!*

Puntos para reflexionar y dialogar:

- ¿Por qué es el trabajo de misión un "trabajo de siervo?" ¿De qué manera es Jesús nuestro modelo en esto?

- ¿Por qué es tan importante vivir lo que enseñamos?

- ¿Hay alguien a quien debieras servir de mentor? Por qué no oras para que Dios te guíe hacia esa persona que necesita tu estilo y virtudes particulares.

- ¿Existe un programa de mentores en tu cuerpo? ¿Cuáles son algunas de las cosas que se podrían hacer en tu cuerpo para promover la relación mentor-discípulo? ¿Cómo podría esto contribuir a la misión de tu cuerpo?

¡Recibe!

13

Plenamente maduros

Que no haya infancias prolongadas entre nosotros, por favor. No toleraremos niños ni bebés que sean blanco fácil para los impostores. Dios quiere que maduremos, que sepamos toda la verdad y que la comuniquemos con amor—que seamos como Cristo en todas las cosas ... Su propio aliento y sangre fluyen a través de nosotros, nutriéndonos para que podamos crecer saludablemente en Dios, robustecidos en amor...

Efesios 4:12-13
El Mensaje

Lo que a una persona le permite volver a los momentos dificultosos de su vida es siempre la certeza de que Dios es fiel. Yo no cumplo las promesas que he hecho, los contratos que he firmado, las garantías que he ofrecido porque estoy seguro de mi fortaleza. Yo sigo cumpliendo mis promesas ... sólo porque estoy seguro de la constancia de Dios. Estoy seguro de que Dios mantendrá las promesas de su presencia y de su gracia ... Es eso lo que hace posible la estabilidad.

Joan Chittister

"¿Cuándo vas a crecer?" ¿Te suena familiar esta pregunta? Debería. Esta inquietante pregunta nos ha sido dirigida a cada uno de nosotros en alguna oportunidad. La he escuchado muchas veces—cuando era niño, adolescente, joven, e incluso ocasionalmente cuando Doris me sorprende en una de mis rabietas de adulto o haciendo morisquetas como un niño. Y no sé cuántas veces le hemos hecho esta pregunta a nuestros propios hijos.

Durante una de las muchas veces que nuestros niños estuvieron "comportándose como niños", Doris los alineó contra la pared unos minutos antes de ir a una reunión dominical y en su mejor voz de sargento gritó, "¡Ahora escuchen chicos! ¡Quiero que comiencen a crecer! Se van a portar bien en la reunión. Se van a quedar quietos". A estas alturas Guy y Robby movían sus pies en forma bastante displicente. Doris continuaba con su arenga maternal. "¡Se van a sentar tranquilos! ¡Van a poner atención! ¡Se van a poner de pie cuando nosotros nos pongamos de pie y van a cantar cuando nosotros cantemos! ¡Van a orar cuando nosotros oremos y a escuchar lo que los cadetes tienen que decir! ¿Me entendieron?" Y con eso concluyó. Los chicos, que habían estado de pie de manera muy relajada prestando atención, continuaban mirando el suelo. Después de unos minutos de silencio, Robby levantó la vista y susurró con un temblor en sus labios, "Mami, los niños de 5 años no actúan de ese modo".

El servicio de adoración comenzó a la hora y los chicos se sentaron al lado de su madre, esforzándose para comportarse como ella les había indicado. Sin embargo, a medida que la reunión avanzaba ellos, como era de predecir, comenzaron a comportarse de acuerdo a sus edades (5 y 3 años). Robby parecía no estar escuchando nada; Doris se pasó toda la reunión haciéndolos callar y remeciéndolos del brazo. Parecía como si sus consejos les hubieran "entrado por un oído y salido por el otro".

Uno de los ejemplos del sermón de esa mañana fue, "Si tomas naranjas y las clavas a un poste de luz, eso no convierte al poste en poste de teléfono". Por supuesto, el punto de esta ilustración era: "Aunque actúes como un cristiano, eso no te convierte en uno". Este ejemplo debe haber tocado el joven corazón de Robby, porque cuando se hizo el llamado al altar, él dijo que quería pasar hacia adelante. Doris le preguntó que por qué. "Yo quiero hacer lo que ese hombre dijo y convertirme en cristiano", le dijo. Después de que todos ellos oraron y de que Robby le pidiera a Jesús que entrara en su corazón (esa fue la primera vez que tomó una decisión propia) él dijo, "Ahora Mami, cuando tu quieras que yo tome una siesta, lo voy a hacer". El comprendió, a la manera de un niño de 5 años, lo que significaba ser cristiano.

Esa tarde, en el camino de regreso a casa, escuché una débil voz decir en el asiento trasero del auto. "Ahora que soy cristiano, ¿qué puedo hacer?", Robby preguntaba con sinceridad. Inmediatamente nosotros aprovechamos esta inesperada oportunidad "pedagógica" para enumerar todas las cosas que él no podía hacer. Llegado cierto punto, Robby no quería oír más. "No suena como algo divertido, suspiró. El entendió lo que era la vida cristiana a la manera de un niño de 5 años, pero al pensar un poco en lo que le habíamos dicho, nuestros consejos, aunque ya teníamos más de 30 años, nos parecieron a nosotros mismos un tanto inmaduros.

La vida cristiana no consiste en "¡Haz esto y no hagas esto otro!" Consiste en lograr una madurez plena en Cristo. Es crecer en la relación del acuerdo que hemos hecho con Dios, en la cual nosotros participamos como una de las partes en el convenio. En resumen la vida cristiana es una vida de

santidad, de transformación total de nuestras vidas en obediencia al Espíritu Santo de Dios. La conversión es el primer
paso en un proceso de crecimiento que dura toda la vida. Algunas veces nos sentimos tentados a reducir el sentido de
nuestra vida con Dios a unas cuantas normas y reglas—es decir, al nivel de la mentalidad espiritual de un niño de 5 años.
Es entonces cuando escuchamos la suave y dulce voz de Dios
que nos dice, "¿Cuándo vas a crecer?".

Ser plenamente maduro en Cristo no tiene nada que
ver con la negatividad de un "No hagas esto". Tiene mucho
que ver con los mandamientos positivos en que se nos dice,
"¡Haz esto!". Este es el mensaje universal de Jesús y las buenas nuevas que los escritores del Nuevo Testamento intenta-
ron comunicarnos:

> *No debáis a nadie nada, sino el amaros unos a otros; porque el que*
> *ama al prójimo, ha cumplido la ley. Porque: No adulterarás, no*
> *matarás, no hurtarás, no dirás falso testimonio, no codiciarás, y*
> *cualquier otro mandamiento, en esta sentencia se resume: amarás a*
> *tu prójimo como a ti mismo. El amor no hace mal al prójimo; así*
> *que el cumplimiento de la ley es el amor.* (Romanos 13:8-10)

Este parece ser un tema recurrente en estas páginas:
Amarás a tu prójimo como a ti mismo. Y yo agregaría, *"Se*
unirán entre ustedes a pesar de sus diferencias, sin rencores, y a pesar de
sus disputas y rencillas". El amor no conoce límites, y la condición básica para poder crecer consiste en este compromiso
con un amor sin límites. Para poder crecer es necesario establecer relaciones con los demás. Las relaciones de los cristianos maduros tienen siempre la forma de un triángulo: tú, la

otra persona, y el Espíritu Santo. Santidad y amor son sinónimos. En su libro *As if the Heart Mattered [Como si el corazón importara]*, Gregory Clapper cita a John Wesley: "La fe no es la finalidad o la meta más alta de la vida; la fe es la puerta que nos lleva al amor; es la "nodriza del amor". El fruto del Espíritu Santo de Dios en nuestras vidas siempre nos guiará en derechura al amor.

Superando el síndrome de Peter Pan

"¡Yo nunca creceré, nunca creceré, nnnnuuuuunca creceré, nunca!". Así cantaba Peter Pan junto con los niños perdidos al mismo tiempo que decían con regocijo infantil que nunca irían al colegio, ni aprenderían a ser padres ni a repetir en voz alta una regla tonta. Y ¿quién los puede culpar? Crecer no es fácil. Lograr madurar plenamente casi siempre es un proceso doloroso que requiere sacrificio y disciplina. Es mucho más fácil seguir la corriente, dejar que las cosas sucedan y darse el gusto en todas las cosas. Es mucho más fácil vivir a un nivel superficial y hacerse a un lado cuando las cosas se ponen complicadas. No se imaginan cuántos de nosotros adolecemos de la versión cristiana del "Síndrome de Peter Pan".

El proceso de lograr la madurez plena es un trabajo arduo y difícil y es prácticamente imposible realizarlo sin el compromiso previo a dedicarse a una vida disciplinada de oración. Esta no es una de esas "reglas", es la realidad. Sin el desarrollo de una vida íntima con Dios, nunca saldremos de nuestra infancia espiritual. Y esto no sólo sucede con la conversión o con la experiencia de la santidad. No nos es posible convertirnos automáticamente en guerreros comprometidos con la oración—al contrario, tenemos que trabajar empecinadamente para llegar a serlo. ¡Esta es nuestra parte en el convenio con Dios! A través de la oración, nosotros escuchamos la voz de Dios y a medida que pasa el tiempo esa voz nos va transformando, nos va renovando, va ordenando nuestras prioridades, abriendo nuestros corazones.

De la misma manera, practicar la Regla de Oro no es fácil ni sucede de manera automática. Requiere una disciplina y una dedicación voluntariosa de nuestra parte de tratar a los demás como nos gustaría que ellos nos trataran a nosotros. Esta no es una consecuencia automática de la experiencia cristiana. La santidad nos señala la dirección correcta, pero para poder llegar a ella tenemos que estar dispuestos a trabajar mucho. Amar a los demás no es fácil, especialmente a aquellos que no son muy adorables. Pero no es una opción; es un componente integral de nuestra vida con Dios y nuestro proceso de "crecimiento".

La madre Teresa, quien materializó su santidad en una vida de moar y de servicio incondicional a los demás, cuenta la siguiente historia en su libro *No Greater Love [No hay amor más grande]:*

Una noche vino un hombre a nuestra casa y me dijo, "Hay una familia con ocho niños. No han comido por varios días". Tomé algo de comida y fui. Cuando finalmente llegué hasta donde estaba la familia, vi las caras de esos pequeños niños, desfiguradas por el hambre. No había pena ni tristeza en sus caras, sólo un profundo dolor de hambre. Le di el arroz a la madre. Ella dividió el arroz en dos partes y salió llevándose una parte. Cuando regresó, le pregunté, "¿A dónde fue?" Me dio una respuesta muy simple, "Donde mis vecinos—ellos también tienen hambre". No me sorprendió demasiado pues he llegado a aprender que los pobres son personas muy generosas. Pero me sorprendió que tuviera consciencia de que sus vecinos tenían hambre. Como regla general, cuando estamos sufriendo, nos encerramos en nosotros mismos y no tenemos tiempo para los demás.

¡Dios quiere que crezcamos!

... y que abramos nuestra consciencia a lo exterior y no a lo interior. Debemos ejercitar nuestros músculos espirituales. Amar a mi vecino es una parte integral del proceso de mi crecimiento espiritual. Es una labor ardua.

Tener una misión que cumplir es difícil. La evangelización y el ganar almas son tareas arduas. Los dones espirituales nos han sido dados a cada uno de nosotros como parte de nuestra experiencia de santidad, pero su desarrollo no es un proceso automático. El conocimiento y el ejercicio de nuestros dones espirituales son un producto de la oración, del estudio, del trabajo perseverante y de la disciplina. El desarrollar nuestros dones e integrarlos con los dones de los demás es parte fundamental de nuestro proceso de crecimiento espiritual.

¡Dios quiere que crezcamos!

La oración, el amor (la santidad) y la misión están íntimamente ligados. Ellos constituyen la "trinidad" de nuestra vida espiritual. En su libro *Everything You've Heard is Wrong* [*Todo lo que te han dicho es incorrecto*], Tony Campolo nos cuenta una historia que ilustra esta verdad:

Joe era un borracho que milagrosamente se convirtió en una misión del Bowery. Antes de su conversión, se había hecho la reputación de borracho sucio en el que no se podía depositar la menor esperanza de rehabilitación; de él sólo se esperaba que viviera en la miseria en un barrio de los bajos fondos de la ciudad. Pero después de su conversión a una vida nueva con Dios, todo cambió. Joe se convirtió en la persona más querida de toda la misión y llegó a ser considerado en ella la figura ejemplar. Joe pasaba sus días y noches trabajando en la misión, haciendo todo lo que fuera necesario. Nunca se sintió menoscabado por ninguna de las tareas que se le pedía que hiciera. Ya fuera limpiar el vómito dejado por un inesperado enfermo alcohólico o restregar los baños después de que hombres descuidados los dejaban asquerosos, Joe hacía lo que fuera con una sonrisa en su rostro y demostrando gratitud por la oportunidad de poder ayudar. Se podía contar con él para darles de comer a los hombres incapacitados que vagaban por la calle o dentro de la misión misma, como asimismo para desvestir y acostar a hombres que estaban tan fuera de sí que no podían cuidarse a sí mismos. Siempre exhibía un profundo amor por los demás. El estaba enteramente dedicado a la misión. Una tarde, cuando el director de la misión estaba dando su mensaje evangelístico de la tarde a la asistencia habitual de hombres silenciosos y sombríos que lo escuchaban con la cabeza gacha, había un hombre que miraba hacia arriba y avanzaba por el pasillo hacia el altar, se arrodilló para orar y pedir a Dios que lo ayudara a cambiar. El arrepentido borracho se quedó exclamando, "¡Oh Dios, hazme como Joe, hazme como Joe, hazme como Joe, hazme como Joe!" El director de la misión se inclinó y le dijo al hombre, "Hijo, pienso que sería mejor si en tu oración tú le pideras a Dios, "¡Hazme como Jesús!". El hombre miró al director con una expresión de perplejidad en su rostro y le preguntó, "¿Es él como Joe?"

Cuando las personas a nuestro alrededor nos miran, ¿ven a Jesús? Es un trabajo muy difícil ser como Jesús. Dietrich Bonhoeffer escribió lo siguiente, "Cuando Jesús llama a un hombre, le pide que venga y muera". Estas son palabras duras, pero verdaderas. Morir en todo lo que tenga que ver con el egoísmo, la ambición, el poder, todas las cosas que nos separan de Dios y de nuestro prójimo—esto es la santidad. Paradójicamente, cuando morimos para estas cosas, es cuando realmente empezamos a vivir—para el amor, el perdón, la comunidad, la misión, todas las cosas que crean los lazos de la unidad. Por medio del Espíritu Santo de Dios podemos llegar a parecernos cada vez más a la imagen espiritual de Cristo. Esta es la santidad que buscamos. Esta es la santidad que necesitamos como individuos y como movimiento.

> *... a fin de perfeccionar a los santos para la obra del ministerio, para la edificación del cuerpo de Cristo, hasta que todos lleguemos a la unidad de la fe y del conocimiento del Hijo de Dios, a un varón perfecto, a la medida de la estatura de la plenitud de Cristo; para que ya no seamos niños fluctuantes, llevados por doquier de todo viento ... sino que siguiendo la verdad en amor, crezcamos en todo...* (Efesios 4:12-15)

¡Dios quiere que crezcamos!

Un tipo llamado Bill

La siguiente historia nos llega del *libro Fuera del Salero y dentro del Mundo [Out of the Salt Shaker and into the World]* de Rebecca Manley Pippert. Esta historia ilustra la verdadera esencia de la santidad y lo que significa ser plenamente maduro:

Bill es su nombre y su estilo de vida es lo que se podría llamar "extravagante". El es una persona brillante y llegó a ser cristiano mientras asistía a la universidad. Al frente del campus, nada más cruzando la calle, había una iglesia conservadora muy elegante cuyo cometido era desarrollar un ministerio con los estudiantes, pero no hallaba cómo lograrlo.

Un día Bill decide cruzar la calle y entrar en la iglesia. Va sin zapatos, con los pantalones rotos, una polera suelta, y el pelo revuelto. El servicio religioso ya ha comenzado y Bill entra por el pasillo y se pone a buscar un asiento. A medida que las personas van notando su presencia, se empiezan a sentir un tanto incómodas.

Bill se acerca al frente del auditorio y al darse cuenta de que no hay asientos disponibles, se sienta directamente sobre la alfombra. A estas alturas se ha creado una atmósfera de gran tensión y los asistentes han empezado a impacientarse en sus sillas. En ese momento uno de los diáconos, que tiene alrededor de ochenta años, pelo cano, y que está vestido en forma muy tradicional y seria, se viene acercando lentamente por el pasillo. Se dirige hacia el joven y todos se dicen para sus adentros, *No se le puede culpar por lo que va hacer. ¿Cómo se puede esperar que un hombre de su edad y distinción entienda a un universitario que se ha sentado en el suelo?*

Le toma bastante tiempo al diácono llegar hasta donde se encuentra el joven. La iglesia está sumida en un silencio de hielo que sólo el bastón del hombre rompe con su toque seco y regular. Todas las miradas se dirigen hacia él. Los asistentes están pensando, *El ministro ni siquiera predica su sermón hasta que el diácono haga lo que tiene que hacer.*

Y ahora ellos ven a este anciano dejar su bastón en el suelo. Con gran dificultad se agacha y se sienta junto a Bill con el fin de adorar juntos y de que el joven no se sienta solo. Todos se sienten ahogados de emoción. Cuando el ministro recupera el control dice, "Lo que yo les voy a decir, ustedes nunca lo recordarán. Lo que acaban de ver, nunca lo van a olvidar".

Ese hombre mostró la esencia de la santidad, la vida de un hombre espiritual plenamente maduro. Ese es el tipo de trabajo de misión y la clase de movimiento con el que yo me quiero identificar. No más infancias prolongadas entre nosotros, por favor. Yo me dirijo a ustedes para recuperar los tres valores fundamentales que nos hacen lo que somos y quienes somos: la oración, la santidad y la misión (un evangelismo adaptable y agresivo). Si hacemos esto no habrá límites para lo que podamos lograr en forma personal y lo que podamos lograr en forma corporativa.

¡Dios quiere que crezcamos!

Puntos para reflexionar y dialogar:

• ¿Por qué se nos hace tan difícil "crecer" espiritualmente?

• ¿Cuáles son los signos de una vida cristiana madura?

• Discute la cita de John Wesley, "La fe no es sino la puerta que se nos abre hacia el amor". ¿Cómo se relaciona el amor con la madurez cristiana?

• ¿Cómo podemos ayudar a las personas a crecer en Cristo? ¿Tu cuerpo local alienta la "infancia espiritual" o la madurez?

14

Plenamente desarrollados

... adultos plenamente desarrollados, plenamente desarrollados por dentro y por fuera, plenamente vivos como Cristo.

Efesios 4:13
El Mensaje

Dios está escribiendo en este mismo momento tu vida y la mía. Si no nos concebimos a nosotros mismos como un papel de alta calidad, considerémonos por lo menos como un papel de gran utilidad. El papel debe mantenerse sin arrugas—sumiso a la tinta; listo para recibir en sí todas las letras que conforman el mensaje de Dios para este mundo secular...

Calvin Miller

Todo tenía que comenzar con alguien. ¡Voilà! (que en francés significa "¡Miren, allí está!") Dios todopoderoso, Dios encarnado: maestro, entrenador, consejero, discípulo, revelador. Doce hombres ingenuos, improbables: novatos, novicios, amateurs, aprendices, estudiantes.

Todo tenía que comenzar en algún lugar. ¡Voilà! En las montañas, con vista panorámica, el Mar de Galilea—fuera del salón de clases, accesible, móvil, costeable, flexible.

Todo tenía que trasladarse a algún lugar. ¡Voilà! A la esquina, a un hogar, a la playa, al lago, al Templo, al aposento alto, al jardín, al Calvario, a los campos listos para la siega—a todas partes y para siempre.

No podía sino asumir alguna forma. ¡Voilà! Instrucción, intuición, parábolas, percepción, milagros, modelos, amar, dar, morir, vivir—*todo plenamente desarrollados por dentro y por fuera.*

No podía sino continuar con alguien. ¡Voilà! Santiago: predicador, condenado, mártir. Pablo: perseguidor, convertido, misionero. Lidia: oración, convicción, magnificencia—*plenamente desarrollada por dentro y por fuera.*

Ese "alguien" ha aparecido abundante y generosamente en cada generación.

Basilio fue presentado a Cristo y aconsejado por su hermana, "Es mejor ser fiel ante Dios que ser famoso ante los hombres" *Plenamente desarrollados por dentro y por fuera.* ¡Voilà! En el año 370 D.C., él fundó un hospital para el cuidado de los leprosos, probablemente el primero en la historia de la iglesia cristiana.

Ulrich Zwingli fue incentivado a estudiar las Escrituras por un gran maestro de las letras griegas llamado Desiderio Erasmo en el año 1519. *Plenamente desarrollado por dentro y por fuera.* ¡Voilà! Mil años de tradición fueron puestos en tela de juicio y se dio inicio a la Reforma Suiza.

La primera mujer convertida por George Fox en 1672 fue una madre de mediana edad, económicamente acomodada y cuyo nombre era Elizabeth Hooten. *Plenamente desarrollada por dentro y por fuera.* ¡Voilà! Ella llegó en poco tiempo a ser la primera mujer predicadora de la comunidad de los cuáqueros.

En 1747, David Brainerd llevó a su traductor Tattamy, que era alcohólico, hacia Cristo. La traducción de sus escritos comenzó a cobrar nueva vida. *Plenamente desarrollado por dentro y por fuera.* ¡Voilà! Debido a esto, muchos miembros de su generación—Henry Martyn, William Carey, Adoniram Judson—se sintieron movidos a participar en las misiones.

Phoebe Palmer, "la madre del movimiento de santidad", respondió al llamado a predicar el Evangelio por todas las Islas Británicas. *Plenamente desarrollada por dentro y por fuera.* ¡Voilà! En 1859, William y Catherine Booth se sintieron profundamente influenciados por su mensaje de santidad, un mensaje que ellos desarrollaron en su propio movimiento.

Un misionero francés y un clérigo americano llevaron a Walter Lewis Wilson a sentir la presencia y el poder del Espíritu Santo. *Plenamente desarrollados por dentro y por fuera.* ¡Voilà! Ese fue el comienzo de una vida de grandes frutos evangelísticos: Iglesia Bíblica, Misión Indígena, Colegio Bíblico, escritor de gran renombre.

Albert Pepper, Lyell Rader, Mina Russell. *Plenamente desarrollados por dentro y por fuera.* ¡Voilà! Nosotros, la generación actual de salvacionistas en el Territorio Este de Estados Unidos, somos los beneficiarios del compromiso y madurez cristiana de todos ellos.

Todo tiene que continuar con alguien. *Plenamente desarrollado por dentro y por fuera.* ¡Voilà! **¡Tú!**

Puntos para reflexionar y dialogar:

• Lee Efesios 4:11-13 y discute la frase, "a fin de perfeccionar a los santos para la obra del ministerio".

• ¿Qué tiene que ver el discipulado con el perfeccionamiento? ¿Qué tipo de programa de discipulado tienes en tu cuerpo? ¿Quiénes son los discípulos en tu congregación?

• ¿Qué queremos mostrar cuando decimos que los santos necesitan ser edificados (desarrollados)? Discute esto en el contexto de la santidad y la madurez espiritual.

• Nombra a las personas que en la actualidad tú estás desarrollando, siguiendo, aconsejando. Nombra a una persona que podria empezar a ser tu discípulo.

• Investiga y presenta un programa de discipulado genérico que se pueda hacer a la medida de la cultura y hábitos de tu cuerpo en particular.

15

Plenamente vivos

Yo soy la puerta. Quien entre por mí será salvo, y entrará y luego saldrá y encontrará pastos ... Yo vine para que ellos puedan tener vida, y la tengan en abundancia.

Juan 10:9-10
El Mensaje

El hecho de que una persona pueda contemplar el paisaje estéril y gélido de un invierno polar y vea en él una imagen de cautivante belleza me ha parecido siempre un ejemplo perfecto de la elevación que siento en mi corazón cuando considero la extraordinaria proclamación que hace el Evangelio de la vida que brota de la muerte misma.

Robert Farrar Capon

En una camiseta que estaba a la venta al pie de una montaña rusa se leía lo siguiente, "Si no estás viviendo al límite, estás ocupando demasiado espacio". Me gusta, a pesar de que me tomó un rato entender el mensaje. Lo que eso quiere decir para mí, es que la mayoría de las personas no están viviendo la vida al máximo. Ellos no son de la extrema izquierda ni de la extrema derecha, sino que se han situado en algún lugar por ahí entremedio—y se han puesto a vegetar.

La mayoría de las personas quieren vivir sus vidas al máximo, pero muchas no saben bien cómo hacerlo. Probablemente esa es la razón por la que los toboganes, las alas delta y las montañas rusas son tan populares.

Estos obligan a las personas a vivir al límite y a experimentar, aunque sea por unos breves pero emocionantes momentos, la emoción de sentir un intenso flujo de adrenalina. Por ejemplo, los deportes extremos o de alto riesgo son un nuevo fenómeno que presiona a las personas a rendir al límite de sus capacidades atléticas y de su resistencia al vértigo. Los defensores de estos deportes le dirán que para estar completamente vivos, se debe experimentar la vida al límite. Cada salto al vacío es una victoria sobre el miedo, dicen. No sé si estar o no de acuerdo con eso; no parece tener mucho valor para mí en el sentido del plan eterno de Dios. O quizás es sólo que la adrelanina que corre por mis venas es de color amarillo.

Sin embargo, no me resulta difícil hallar una comparación espiritual que sí posee un valor eterno y tiene un sentido pleno que me satisface profundamente. El mensaje hace una paráfrasis de Efesios 5 que expresa esto con una claridad meridiana:

No malgasten su tiempo en trabajos inútiles, en trabajos sin sentido, en la infructuosa búsqueda de la oscuridad. Desenmascaren estas cosas y muéstrenlas por lo falsas que son. Es un escándalo que una persona desperdicie su vida dedicándose a hacer cosas en la oscuridad donde nadie las puede ver... ¡Despiértense de su sueño, salgan de sus féretros; Cristo les mostrará la luz! (v. 11-12, 14)

En otras palabras, no te quedes ahí vegetando y ocupando espacio con tu cuerpo. Sal de en medio y camina hacia el límite para que así puedas ver la luz y experimentar la vida en toda su plenitud.

Peterson, el autor de *El Mensaje* ejemplifica lo anterior con las siguientes palabras,

> *Observa lo que Dios hace, y luego hazlo tú* ... *Una de las actividades principales de Dios es la de amarte. Mantén su compañía y aprende a vivir una vida de amor. Observa la manera en que Cristo nos amó. Su amor no fue prudente sino extravagante. El no amó para obtener algo de nosotros sino para dar todo de sí por nosotros. Ama de esa manera.* (vv. 1-2)

Cristo dejó la prudencia de lado y se dedicó a vivir al borde del peligro exhibiendo una vida llena de la extravagancia del amor. El estaba dispuesto a arriesgarse, exponerse y hacerse vulnerable entregándose a una vida llena amor. ¡Eso es lo que yo llamo vivir al borde del peligro. Eso es lo que yo llamo vivir la vida con plenitud. Eso es lo que yo llamo vivir de manera extremada! Jesús no sólo era un cuerpo que ocupaba espacio.

Todo el espacio del mundo

Cuando nació no había espacio. *Y dio a luz a su hijo primogénito, y lo envolvió en pañales, y lo acostó en un pesebre; porque no había lugar para ellos en el mesón.* ¡No había espacio en el mesón y no había espacio en Israel! A causa de la orden de muerte que pesaba sobre él, el niño Dios fue llevado a Egipto. Jesús estuvo viviendo continuamente al borde del peligro desde el comienzo de su vida—todo esto en preparación para su ministerio de amor.

No había espacio durante su vida. Y Jesús le dijo, *"Los zorros tienen sus agujeros y los pájaros del aire tienen sus nidos, pero el Hijo del Hombre no tiene donde colocar su cabeza".* Y luego Jesús dijo, *"Sígueme".* Muchos dudaron en seguirlo hasta el borde mismo del peligro; el riesgo era demasiado grande para algunos, demasiado caro para otros. Significaba salir al mundo y ser vulnerables. Significaba olvidar los deseos egoístas. Significaba salir como corderos e ir a meterse entre lobos. Significaba salir a la fe. Significaba hablar en contra de todo tipo de mal. Significaba determinar con toda claridad el juicio que les espera a aquellos que no obedecen. Significaba enseñar el mandamiento, *Amarás al Señor tu Dios con todo tu corazón, con toda tu alma, con todas tus fuerzas, y con toda tu mente y a tu prójimo como a tí mismo.* Significaba amar a aquellos a los que antes no consideraban dignos de su amor. Significaba tomar la cruz.

No hubo espacio para él al final. La mayoría de la gente no quería que él ocupara espacio alguno en este mundo. Lo obligaron a situarse al borde del peligro; fue el amor incondicional lo que lo impulsó a dar el salto y precipitarse al abismo. El hizo el sacrificio extremo, supremo, en el Calvario. Este salto de todo su ser al vacío, significó la victoria sobre todos los miedos humanos.

Por tres años, Jesús caminó por la cuerda floja, hallándose constantemente al borde de la catástrofe. No se detuvo el tiempo suficiente para ocupar un espacio físico. Por tres años desafió el orden establecido con parábolas, señales, milagros, maravillas, ayes, advertencias, relaciones humanas, con una resurrección y una continua revolución. Incluso llegó a desilusionar a muchos de sus seguidores cuando, en vez de montarse sobre un caballo y blandir una espada, prefirió encarnar a un Dios que conquista por medio de la gracia y el amor.

Gracias a la vida "extrema" de Jesús, hay mucho espacio para nosotros en el presente. Por un período de tres años su ministerio vivió a plenitud y continúa viviendo a plenitud a través de esta promesa segura e indudable, *Yo he venido para que tú tengas vida y la tengas en abundancia*. Este tipo de vida no se encuentra en los lugares de medias tintas. Pero de lo que se puede estar seguro es que: Hay más que suficiente espacio en los extremos, donde se vive al borde del peligro. Con Cristo el sacrificio es siempre el preludio a la abundancia. Así como un compositor de canciones lo ha señalado tan hermosamente, *Hay lugar en la cruz para ti*. "Cuando Jesús nos llama, nos invita a venir y morir".

Hay muchísimo espacio en el futuro. En este momento él está preparando una mansión para nosotros en el cielo; una mansión provista de abundantes espacios. Hay un cuadro que nos muestra el espacio absoluto y las dimensiones infinitas del cielo que se nos prometió. ¿Te sientes encerrado, limitado, atrapado entre las estrechas fronteras de tu vida? No habrá nada de eso en el cielo. Tendrás todo el espacio del mundo—y llegaremos hasta allí si vivimos al borde del peligro, si caminamos al lado de Jesús, si vivimos una vida que sabe tomar riesgos en fe, atreviéndonos a alcanzar a los demás en el amor y la vulnerabilidad. La amplitud del cielo comienza aquí y ahora. **¡Sin límites!**

Un mundo sin barreras

Hemos terminado por donde empezamos. Debemos morir nosotros mismos antes de que podamos llegar a estar completamente vivos. Este libro no es sobre la prosperidad; es sobre el sacrificio, la visión, las conexiones, la unión, la oración, el amor, la misión y la esperanza—todos unidos en el acto de dar y vivir con sacrificio de nosotros mismos. La verdadera realización de nuestro potencial espiritual ocurre cuando aprendemos a vivir de acuerdo a las prioridades de Dios. El nos da todo lo que necesitamos para vivir, crecer y disfrutar. Annie Johnson Flint ha expresado esta verdad en un poema:

> El da más gracia a medida que nuestras cargas crecen,
> El envía más fuerza a medida que nuestros trabajos aumentan,
> A las aflicciones agregadas, él agrega misericordia,
> A las tribulaciones multiplicadas él multiplica la paz.
>
> Cuando se nos ha agotado nuestra reserva de paciencia.
> Cuando nuestra fuerza ha decaído antes de terminar el día.
> Cuando hemos llegado al final de nuestros recursos.
>
> La donación plena de nuestro Padre recién comienza.
>
> Su amor no tiene límites, su gracia no tiene medida.
> Su poder no tiene fronteras conocidas entre los hombres;
> A través de su infinita riqueza en Jesús
> El da, él da y vuelve a dar.

La gracia de Dios está en todas partes, pero es especialmente abundante en los extremos de la vida, en aquellos lugares de riesgo y peligro donde nos atrevemos a arriesgarnos en fe.

¿Quieres que tu ministerio sea plenamente vivo? ¿Quieres que tu ministerio rompa las barreras de las limitaciones de tu vida? Entonces acércate al borde del abismo y da el salto, te allegarás así a la cruz. Coloca firmemente tus pies en la gracia asombrosa e ilimitada de Dios y comienza *a compartir con todos los cristianos las extravagantes dimensiones del amor de Cristo. ¡Alcanza y experimenta su amplitud! ¡Examina su alcance! ¡Sondea sus profundidades! ¡Asciende a sus alturas! Vive una vida plena, plena en la plenitud de Dios... plenamente vivo como Cristo* (Efesios 3:18-19, 4:13, *El Mensaje*).

¡SIN LIMITES!

Puntos para reflexionar y dialogar:

• Discute el significado de "Si no estás viviendo al borde del peligro, estás ocupando demasiado espacio".

• ¿Cuál es la comparación espiritual de esta observación? ¿Cómo ejemplifica esto Jesús?

• Discute la frase, "Este particular salto de todo su ser al vacío, significó la victoria sobre todos los miedos humanos". ¿Cuál es el significado de la cruz? ¿Qué debemos hacer para lograr estar completamente vivos?

• Sal al peligro y encuentra tu lugar en la cruz. Toma tu cruz. Ora una oración de perdón y reconsagración. Comprométete con el sacrificio de dar y vivir. ¡Comprométete a romper las barreras de las limitaciones!

¡Amplía la visión!

16

La Visión 7∞7

¿Cómo se verá este territorio en el año 2007? ¿Qué logros te gustaría ver realizados para aquel año? ¿Por cuáles de tus logros te recordará la gente? ¿Qué epitafio te gustaría ver grabado en tu tumba? ¿Por cuáles de tus logros te aplaudirá el Señor cuando te encuentres con él cara a cara? Estas son preguntas difíciles, que requieren respuestas honestas y bien pensadas, respuestas que nazcan de tus visiones personales.

Yo tengo una visión y me gustaría compartirla contigo. Esta visión se cristalizó como respuesta a las preguntas propuestas en las líneas anteriores. Me he esforzado para elaborar esta visión en palabras y conceptos que contagien, inspiren y obliguen. Creo que estoy en buena compañía. Jonathan Swift escribió que "la visión es el arte de ver lo invisible". El escritor del libro bíblico de Hebreos escribió que es "la evidencia de las cosas que no se ven". Parece ser que para tener una visión, uno debe ser capaz de discernir lo que aún no es observable.

Para ponerlo de otra forma, "sólo aquellos que ven lo invisible pueden hacer lo imposible". Un llamativo diálogo en el libro *Through the Looking Glass [Alicia en el país de las maravi-*

llas] de Lewis Carroll ilustra este punto. En el intercambio siguiente, la Reina Blanca habla con Alicia:

No puedo creer eso, dijo Alicia.

¿No puedes? dijo la Reina, en un tono de lástima. Inténtalo de nuevo: respira largo y profundo y cierra tus ojos.

Alicia se rió: No saco nada con tratar, dijo, uno no puede creer cosas imposibles.

Me atrevería a decir que no has practicado mucho, dijo la Reina. Cuando yo tenía tu edad, yo siempre practicaba media hora al día. Incluso, algunas veces he creído hasta seis cosas imposibles antes de la hora del desayuno.

A mi edad, todavía hago el ejercicio de creer lo imposible antes del desayuno ... y antes del almuerzo y también antes de comida. Tengo una visión. Puedo ver lo imposible con mucha claridad y creo que este territorio puede hacer cosas imposibles. Pero, ¿cómo comienza uno a hablar de visiones? Primero, debemos entender cómo ocurren las visiones.

Generalmente una visión es asignada a una sola persona y se origina desde algún lugar fuera de él o ella. Creemos que las verdaderas visiones vienen sólo de Dios—un fenómeno de "arriba hacia abajo"—y que siempre van precedidas de oración. Una visión no es forzada, es revelada. Una visión es la respuesta que Dios da a nuestras oraciones fervorosas. Casi siempre se la percibe con escepticismo al comienzo, empezando en el vacío para terminar luego en un grupo de seguidores, a medida que otros se van apoderando de la visión y la van haciendo suya. Las visiones siempre promueven la obra de Dios, infundiendo dirección, sentido y propósito a nuestras vidas, y crean el sentimiento y la convicción inequívoca de nuestro destino. Las visiones son de capital importancia para la expansión del reino de Dios. Positivas, proactivas y fortalecedoras, las visiones transforman, dan energía, renuevan y generan un venero de posibilidades. No hay nada más poderoso que una visión poderosa y clara.

En segundo lugar, debemos captar la virtud de ordenar la vida que posee una visión. El versículo de Proverbios 29:18 dice: *Sin visión, el pueblo perece* (Paráfrasis). En algunas traducciones de este versículo, el mensaje es igualmente urgente: *Sin visión, el pueblo pierde el control (Jerusalem Bible[5]). Sin revelación, el pueblo no se restringe (Revised Standard Version). Sin profecía el pueblo se desenfrena (Reina-Valera). Una nación sin Dios que la guíe, es una nación sin orden (Good News Bible).* Estas declaraciones bíblicas confirman que una visión compartida une, integra y conecta a la gente de Dios entre sí y con él.

En tercer lugar, debemos darnos cuenta de como Dios comunica su visión. El Señor le dijo a Abraham que saliera de su tienda y le mostró un mensaje en el cielo. *"Mira ahora los cielos, y cuenta las estrellas, si las puedes contar. Y le dijo: así será tu descendencia".* Y Abraham creyó en el Señor. Y entonces el Señor dijo a Abraham, *"Yo soy Jehová tu Dios que te sacó de Egipto para darte esta tierra para que la heredes".* Esta fue la visión que Dios le comunicó a Abraham.

Dios usó su propia creación para comunicar esta notable visión. ¿Cuántas estrellas hay? Los astrónomos estiman que alrededor de 2.000 son visibles a simple vista. Con un pequeño telescopio uno quizás pueda ver 10.000, pero todavía esta es una fracción diminuta de las 100 millones de billones

---

[5] Tanto ésta como las dos que se mencionan a continuación son citas de versiones inglesas de la Biblia. Nosotros las hemos traducido directamente del inglés al español. [Nota de los traductores]

de billones estimadas. Esta es la cantidad de hijos que le prometió a Abraham. ¿Imposible? ¿Inconcebible? ¿De ninguna manera? Primero viene la visión, después viene la fe, y como hemos visto antes, *la fe es la evidencia de las cosas que no se ven.*

Ahora bien, Dios no me mostró un mensaje en las estrellas, pero sí me hizo salir de mi casa en Australia y me dijo, "Mira hacia el este y cuenta el número de personas que hay allí". No podía ver a toda esa gente a simple vista. Me ha sido necesaria la ayuda de los estudios demográficos que han realizado los expertos, y esos estudios me informan que hay mas de 70 millones de personas en este territorio. El Señor me habló a mí a través de la visión que le reveló a Abraham. *"Yo soy Jehová tu Dios que te hizo salir para darte esta tierra para que se las des en herencia al Ejército y a mi Reino".*

Muchas generaciones han pasado desde la visión de Abraham y en la actualidad aproximadamente un tercio de los 6 millones de habitantes del mundo han aceptado el nombre de Cristo. Todavía tenemos un largo camino por recorrer. Dios me ha comunicado claramente una visión. Esta visión no me fue revelada a través de una voz que se pueda escuchar o de una alucinación visual. Dios la ha hecho surgir desde lo más profundo y creativo de mi alma a través de la voz que me habla en mi interior. Esta visión proviene claramente de Dios y no tengo otra alternativa que dedicarme a ella vigorosa y agresivamente.

Al contemplar la visión que Dios ha puesto claramente ante nosotros, se vislumbran tres valores de fundamental importancia: oración, santidad y evangelismo agresivo y adaptable. Estos tres valores deben ser rescatados y restablecidos como prioridades antes de que podamos seguir avanzando.

Son la esencia de todo lo que va a seguir, la base de la expansión del reino de Dios en este territorio. Si hacemos bien estas tres cosas, "todo es posible!"

Doce mandatos visionarios

En la medida que representan nuestra visión y nuestro llamado, estos doce mandatos requerirán nuestro compromiso constante y nuestras oraciones diarias:

- Recuperar el valor salvacionista de la oración participativa. Debe llegar a ser más que un ritual o una rutina. La oración debe entenderse como una base de poder desde la cual todo lo demás procede. Esta visión no incluye solamente la cantidad de oración, sino la calidad, intensidad y los resultados compartidos.

- Llamar a nuestro territorio a una renovada vida de santidad. La santidad, entendida como la obra instantánea y progresiva de la gracia, no está siendo enseñada ni captada por esta generación. Es una verdad bíblica y un valor del Ejército que debemos restaurar.

- Reafirmar valores del Ejército, como el evangelismo agresivo y adaptable. La agresividad y la adaptabilidad son parte de lo que nos hace justamente lo que somos y cómo somos. Tomar riesgos e innovar son elementos esenciales de nuestra misión.

- Plantar nuevos cuerpos de forma agresiva y flexible, con el acento puesto en la adoración, el un espíritu de comunión y en el evangelismo. Para lograr esto, debemos ampliar nuestra definición de lo que debe ser un cuerpo. No es un edificio, una banda, una brigada de canto ni una reunión de santidad, sino más bien un grupo grande o pequeño de creyen-

tes que se junta (en una casa, un edificio arrendado o prestado, bajo los árboles) unidos en un espíritu de comunión,
adoración y evangelismo.

- Alcanzar a todos aquellos que viven al borde de la pobreza,
principalmente a aquellos que viven en los barrios más ve-
nidos a menos de las grandes ciudades, aquellos que viven
bordeando la indigencia. Esta gente no ha llegado al extremo de estar totalmente desposeída y sin esperanza. Ellos no
se perciben a sí mismos de esta forma. Pero, en verdad, están al borde de la catástrofe. Los estudios sociológicos nos
dicen que son principalmente madres solteras con hijos y,
mientras la comida y vestimenta son preocupaciones per-
manentes, éstas no constituyen sus necesidades más urgen-
tes. Lo que esta gente más desea para sí es poder vivir en un
ambiente en el que exista un sentimiento de comunidad y
seguridad. El Ejército de Salvación está en la mejor posición
para defender la causa de estas personas. Esto requerirá de
nuestra parte la formación de cuerpos dedicados especialmente a la prevención, a los niños y a los grupos étnicos.
Estos cuerpos serán generosamente subsidiados, y buscarán
alcanzar a los niños y finalmente a las familias en los barrios
más deteriorados de las ciudades. Su apariencia y su funcio-
namiento serán distintos a los de los cuerpos tradicionales
del Ejército.

- Alcanzar a la comunidad que se recupera yendo más allá de
lo que lo hacen las instituciones seculares. Una persona re-
cuperada está en recuperación por el resto de su vida, y sus
familias son parte de este proceso de recuperación. De
acuerdo a algunos, aquellos que están recuperándose de alguna adicción alcanzan a cerca del 50% de la población.

Necesitamos cuerpos especialmente diseñados para satisfacer las necesidades de esta comunidad. Esta visión incluye plantar cuerpos (de recuperación) de Nueva Esperanza que están de cierta forma conectados a cada uno de nuestros programas de recuperación, incluyendo los 41 Centros de Rehabilitación de Adultos. Estos no serán planificados de antemano; serán el resultado de la pasión, la necesidad que se tenga de ellos, y de la visión. Serán programas tentativos y servirán el propósito de servir de terreno para experimentar e innovar con el fin de resolver con cada vez mayor eficacia las necesidades específicas que vayan surgiendo en cada localidad.

- Alcanzar a los adolescentes y a los jóvenes. Cuando se trata de nuestra gente joven, estamos perdiendo la guerra. Necesitamos reforzar los programas para jóvenes en nuestros cuerpos tradicionales y abrir cuerpos "específicamente diseñados para los adolescentes y los jóvenes" con programas de adoración y música creados para satisfacer las necesidades específicas de las personas de esa edad y de esa cultura particular.

- Revitalizar nuestros cuerpos existentes—replicar cada cuerpo de crecimiento saludable, y asimismo hacer que cada soldado saludable y de fuerte crecimiento se replique a sí mismo. Este será un proyecto continuo y permanente.

- Aumentar las listas de candidatos a oficiales. Mantendremos nuestro objetivo de ochenta candidatos por sesión.

- Ofrecer mayores oportunidades para el ministerio a personas de edad media y a aquellos que se desempeñen a la vez en una segunda carrera, lo cual significa crear y promover nuevas posiciones de enviados y de capitanes auxiliares.

Llegar a ser agresivos y creativos en nuestras tentativas de reclutamiento y mercadeo.

• Hacer nombramientos teniendo en cuenta la congruencia que se demuestre entre los valores fundamentales y el buen desempeño, no de acuerdo a cuestiones de protocolo. Esta visión incluirá la promoción de oficiales jóvenes a posiciones de liderazgo. Estos deberán ser oficiales que piensan en el futuro y que muestran un agudo sentido de visión basado en la misión. Para esto será necesario un mayor intercambio entre la plana mayor, el comando y los cuerpos. Al nombramiento del oficial directivo se le dará el lugar que le corresponde—en lo más alto de la jerarquía.

• Crear canales y oportunidades para que las ideas, la información y la intercomunicación se transmitan libremente por todo el territorio. Comunicación clara y completa en los dos sentidos es absolutamente esencial si queremos unificarnos en un mismo espíritu y enfocarnos en la misión a que estamos dedicados. Nuestra visión debe ser una visión corporativa.

Gente a la séptima potencia.

Peter Block sugiere que una visión debe ser "estratégica" y "elevada" a la vez. Dice, "Si suena a sentimientos maternales y pastel de manzana, y los hace ruborizarse, van por el camino correcto". ¡Entonces debo ir por el camino correcto!

En mi visión, veo 700 cuerpos (uno por cada 100.000 personas) con un promedio de 70 soldados cada uno para el año 2007. Recientemente se me hizo entrega del símbolo "7∞7." El siete es el número bíblico que representa la perfección. Pureza y perfección constituyen los pilares de esta visión, la cual es un claro llamado de retorno a la santidad, la misma base sobre la que se fundó nuestro movimiento. El poder del Espíritu Santo se encuentra en nuestro compromiso con la santidad. ¿Nos hemos apartado de este compromiso? Necesitamos hacernos esta pregunta.

Uno de los ceros en el número 7∞7 representa el símbolo de la vida eterna, eso que nos impulsa y nos motiva a dedicarnos al evangelismo. En esta visión, hay un claro llamado a que reanudemos nuestro objetivo de ganar almas y desarrollar un evangelismo agresivo y adaptable. El segundo cero representa el círculo de la oración. La oración está íntimamente ligada a un nuevo llamado al evangelismo agresivo y a la santidad. En el centro de esta visión hay un claro llamado a volver a la oración. Veo 700 círculos de oración de siete sustentando esta visión. Ambos ceros representan lo que nos es posible—nuestras infinitas posibilidades. Un cero es un círculo, el símbolo de lo infinito y de Dios. "Con la gente nada es posible. Con Dios todas las cosas son posibles".

Un fuego en nuestros huesos.

A comienzos de 1998, había 367 cuerpos y 19.083 soldados adultos en este territorio. Esto da un promedio de 52 soldados por cuerpo. *Esta visión 7∞7 requiere un aumento promedio de 18 soldados (aproximadamente dos por año) por cada cuerpo existente.* A primera vista, esto parece muy hacedero, pero hay dos factores que lo complican. Primero, los "18" son solo una cifra promedio y, en consecuencia, se debe compensar éstos con aquellos que son removidos de las listas durante ese período. Segundo, las listas de soldados en los cuerpos convencionales existentes han sufrido una baja pronunciada. El leve aumento de nuevas plantas ha hecho posible los resultados que se han obtenido en el territorio. Por esta razón, el poder invertir esta tasa descendente y obtener un aumento promedio de "18" constituiría un logro significativo.

Esta visión requeriría 333 nuevos cuerpos (aproximadamente 33 por año o un promedio de tres por división) comenzando con el año de 1998. Ya que solamente se plantaron seis cuerpos en 1998, ahora requerimos aproximadamente cuatro cuerpos por división (como promedio para todo el territorio) cada año. Una cierta cantidad de cuerpos de recuperación sumados a los Centros de Rehabilitación de Adultos (ARC) disminuirá esta cantidad. Expertos en el crecimiento de la iglesia les dirán que la plantación de cuerpos acaparará la mayor parte del crecimiento. La plantación agresiva de cuerpos es esencial para el cumplimiento de esta visión. A mi parecer, esto no es algo negociable.

¿Por qué el año 2007? ¿Por qué no un cuerpo por cada 50.000 personas (a pesar de que éste puede ser el caso en algunas divisiones)? Winston Churchill dijo, "Es un error mirar demasiado lejos. Solo *un* eslabón en la cadena del destino puede ser manejado la vez". La visión de Abraham abarcó todas las generaciones que lo seguirían. La visión de Cristo— "todas las naciones"—fue un proyecto que se extendió a través de las generaciones. Esta visión también pretende proyectarse de generación en generación hacia el futuro.

Ya que las visiones empiezan a tomar forma a través del impulso inicial, el impulso visionario a que damos comienzo este año será transmitido y llevado hacia el nuevo milenio y aún más lejos. *Si se planta 30 nuevos cuerpos este año con 1.500 nuevos convertidos, piensen en el impulso que llevaremos hacia el próximo milenio.* Piensen en la dinámica multiplicadora cuando 1.500 personas que han sido dramáticamente transformadas compartan su fe con su familia y amigos. Piensen en el impacto de estas transformaciones milagrosas cuando sirvan de testimonio para otros que viven presa de la soledad, el vacío y las adicciones.

Piensen en las generaciones futuras que serán las beneficiarias de nuestro compromiso, beneficiarias de una visión que se atreve a proyectarse y alcanzar más allá del presente. Piensen en ayudar a arreglar vidas que se hallan quebrantadas y en ofrecer esperanza a una generación perdida y desesperanzada. Piensen en el papel que ustedes van a representar en este drama eterno. Piensen en el efecto que tendrá en sus propios espíritus el que estén activamente involucrados en algo tan amplio, dramático y revolucionador de sus vidas. ¡Dejen que éste sea el factor motivador que nos inspire y nos impela hacia adelante!

El santo descontento enciende la pasión e impulsa la visión.

John Stott dice, "La visión comienza con un descontento santo con las cosas como están". La complacencia y la apatía son las primeras causas de la muerte de las congregaciones. La complacencia es la muerte del entusiasmo evangélico. ¿Qué está mal con la situación en que nos encontramos actualmente? ¿Qué nos perturba? ¿Qué es lo que angustia nuestras almas? Debemos encontrar el catalizador que encienda nuestra pasión, y el desasosiego que nos incite a la acción. Debemos capturar nuevamente la visión que levantó a este Ejército y que nos ha distinguido por nuestro ardoroso fervor.

Todos compartimos la misma visión en toda su amplitud, "salvarnos, permanecer salvos y salvar a los demás". Queremos a todos los que están dentro de nuestro círculo de influencia que sepan con absoluta certeza que van a llegar al cielo. Estamos inspirados por esta pasión y queremos que el Ejército crezca de manera sostenida. Salvar almas y hacer soldados es lo que nos mueve. ¿Qué es lo que nos hace querer apoderarnos de la visión y, a la vez, convencer a otros a que participen en nuestra visión?

Recordémonos a nosotros mismos la santa visión que levantó a este Ejército. Cito del libro de David Bennett: *William Booth: The passionate founder of the Salvation Army who championed the cause of the poor [William Booth: El apasionado fundador del Ejército de Salvación que defendió la causa de los pobres]*. El título por sí solo lo dice todo.

Los largos pasos de William Booth lo llevaron a las tabernas, los salones de baile y otros lugares de diversión ... El siguió caminando, cada vez más entristecido por la visión que sus ojos le mostraban; su naturaleza sensible y su amor por la humanidad se sintieron profundamente afectados por la decadencia moral de la que era testigo por todas partes. "Dónde más se van a hallar infieles como éstos," pensó ... Estos londinenses lo necesitaban. Más importante aún, necesitan a Cristo. Y le pareció además que a muy poca gente de afuera le importaba el destino de estas almas. No cabía duda: ésta debía ser la obra de su vida—predicar el evangelio a esta gente desesperada. Su sentido del deber se impuso sobre sus temores instintivos, porque él sabía que la muerte se ocultaba tras cada esquina del tortuoso East End de Londres. Edwin Chadwick ha estimado que anualmente más de 10.000 personas mueren violentamente en Inglaterra, principalmente en los barrios bajos de Londres en los años en que William Booth los recorría a pie ... Esa noche, no en nombre pero sí en espíritu, nació el Ejército de Salvación.

Booth tiene ahora 80 años. Su mensaje final subraya la esencia misma de su visión divina y concluye con éstas ya muy famosas palabras:

> ¿Está llegando a su fin la guerra de salvación? Esta guerra recién ha comenzado. Mi parte en ella es la que está llegando a su fin. Pero mientras yo tenga aliento, me comprometo a luchar por el Señor y por aquellos que lo necesitan. Mientras haya mujeres que lloren como lo hacen hoy en día, lucharé; mientras haya niños que pasen hambre como ocurre hoy, lucharé; mientras haya hombres que salgan y entren a prisión, salgan y entren, salgan y entren, lucharé; mientras haya una sola alma sin la luz de Dios, lucharé. ¡Lucharé hasta el fin! Compañeros salvacionistas, la guerra aún no ha terminado. ¡Gánenla por Jesucristo!

Nada ha cambiado. Todavía hay una sobreabundancia de "infieles como estos". ¿Sigue ardiendo la pasión de Booth en nuestro interior o, al contrario, se ha efectuado una lamentable transición del descontento santo a la complacencia y la indiferencia?

H. Richard Niebuhr, en su libro *The Social Sources of Denominationalism* [*Las fuentes sociales del denominacionalismo*] hace una observación interesante y perturbadora en el capítulo titulado "La iglesia de los desheredados".

Considerado así, una de las fases de la historia del denominacionalismo se revela como la historia de los pobres que han sido sistemáticamente ignorados, y que en consecuencia forman
un nuevo tipo de cristianismo que responde a sus necesidades
particulares, que se elevan en la escala económica bajo la influencia de su disciplina religiosa, y que, en medio de una res-
petabilidad recién adquirida, descuidan a los nuevos pobres
que toman el lugar que ellos ocupaban antes en el plano infe-
rior. Este patrón se repite con una regularidad notable en la
historia del cristianismo. Los anabaptistas, los cuáqueros, los
metodistas, el Ejército de Salvación, y las sectas más recientes
de este mismo tipo ilustran este auge y progreso de las iglesias
de los desheredados ... no hay un movimiento verdaderamente
efectivo entre los desheredados hoy en día...

¿No hay una iglesia de los desheredados hoy en día? ¿Es
esta afirmación un enjuiciamiento contra el Ejército de Salvación? ¿Ha disminuído nuestra pasión? ¿Tenemos aún el "fuego en nuestros huesos" que nos atrae con ardor a los que sufren y a los que viven marginados?

Las mismas necesidades son tan prevalentes hoy en día
como lo fueron en tiempos de Booth. Estoy particularmente
preocupado por los niños que son abusados porque sus padres abusan del alcohol y las drogas. Estoy preocupado por
los efectos de la ilegitimidad y la pobreza. Sólo en este país,
los niños ilegítimos están proliferando a tasas alarmantes.
Consideren algunas estadísticas proporcionadas por Chil-
dren's Defense Fund [El fondo de defensa del niño]. Estas
aparecieron publicadas en la edición del periódico *USA Today*
el 14 de noviembre de 1994:

* En 1965, cinco de cada 100 bebés nacieron ilegítimamente en este país. Hoy día son 30 de cada 100 y la tasa va en aumento. Estamos llegando a convertirnos en una sociedad desprovista de padres, con un aumento explosivo en los abusos a menores. La ilegitimidad, la pobreza y el abuso están ligados y se condicionan mutuamente.

* En 1969, sólo el 14 por ciento de los niños vivía en la pobreza—un nivel históricamente bajo. En 1993, llegó a lo más alto en 30 años. De los 69.3 millones de niños en Estados Unidos, casi uno de cada cuatro vivía por debajo de la línea de la pobreza. La distancia entre ricos y pobres continúa expandiéndose.

* En 1993, el 46.1 por ciento de los 8.8 millones de familias mantenidas por mujeres con niños vivía en la pobreza.

* Por cada año que 15 millones de niños americanos permanecen pobres, se les está robando su salud, su educación y sus sueños—y la nación pierde $36.000 millones de su posible productividad laboral futura. Los niños se hacen mas pobres mientras la nación se hace más rica.

El evangelismo esta motivado por el descontento. El evangelismo agresivo y adaptable debe continuar siendo el *modus operandi* del Ejército de Salvación. Mucha gente se siente perdida, o está hundiéndose, quebrantada y camino al infierno. Por todas partes hay niños abusados. La esclavitud del pecado esta erosionando las bases morales de nuestra sociedad. No debemos olvidar nunca que existe un mundo entero de almas vacías, perdidas y sufrientes, que caminan por "las crueles calles" del temor y el abuso. A través de un ministerio de amor, preocupación y apoyo, debemos encontrar formas de inspirar en nuestra cultura la insatisfacción y el desconten- to. Debemos llegar a sentirnos consternados por la erosión moral que está esclavizando a nuestra sociedad. Este santo descontento, este "fuego en nuestros huesos" nos llevará a nuestras rodillas.

En esta visión, el retorno a la oración, la santidad y el evangelismo están acompañados de una inquietud del alma, un alboroto interior que nos motiva y nos obliga a abrazar la visión con un compromiso renovado. La necesidad nos obliga a ello. Jim Cymbala dice, "¿Por qué es que las grandes histo- rias de milagros brotan casi siempre del campo misionero, de los desposeídos dentro y fuera de nuestro país?" Posiblemen- te porque la necesidad es tan grande. Dios nos ha llamado a responder a las necesidades desmesuradas de la gente con una visión grande y poderosa. Cuando hagamos esto, veremos surgir los milagros en nuestros propios barrios.

La realidad del mundo que nos rodea nos llama a la acción—¡la gente necesita a Dios! Busquemos primero a Dios con todo nuestro corazón. Inspiremos y motivemos. Remo- vamos todo pensamiento negativo de nuestra mente y cada palabra desalentadora de nuestro vocabulario. Fomentemos la imaginación y afirmemos la creatividad. Forjemos una gran visión. Formemos una cultura en la cual la creatividad, la in- novación, y—por cierto que sí—incluso el pensamiento radi- cal sea bienvenido y alentado. Hagamos disponibles los recur- sos, ayudemos en vez de obstaculizar, apoyemos en vez de impedir. Enfoquemos nuestra atención en el propósito que nos une, no en las cosas que nos separan. Concentrémonos en conectarnos con los demás en vez de reñirnos con ellos. Dejemos que nuestro grito de adhesión sea ... **¡UNIDOS SIN LIMITES!**

17

Una visión bíblica

Luego de haber recibido la noticia de mi nombramiento como Comandante Territorial del Territorio Este de EE.UU., el Señor me envió una visión profética. Antes de que se pongan nerviosos, quiero dejar en claro que yo no soy el tipo de persona que adhiera a estas prácticas de "señales y milagros", lo que no quiere decir que eso esté mal, sino que no corresponde a mi personalidad. Me veo a mí mismo como una persona práctica, pragmática y "aterrizada". Sin voces, sin sueños ni alucinaciones. Tampoco experimenté trances etéreos ni experiencias "fuera del cuerpo". Yo tengo la "mentalidad de Misssouri", como se dice en este país, lo que quiere decir que debes "demostrarme las cosas", todo debe tener sentido. Tengo que sentir y comprender. Sin fantasías espirituales, sin encuentros conmovedores y extraordinarios, sin experiencias inexplicables, ni apariciones sobrenaturales.

En verdad, esta visión profética me fue canalizada a través de mi esposa Doris, pero no en el sentido moderno, tipo Shirley MacLaine, pues la única canalización que compartimos es con el control remoto de la televisión. Cuando digo "canalizada", quiero decir que el Espíritu Santo usó a mi esposa como medio para mostrarme esta visión. Debo confesar que a veces soy un poco distraído y Doris les dirá que no escucho muy bien. De hecho, después del tercer intento, ella pudo atraer mi atención para que leyera el octavo capítulo del libro de Zacarías. Como nunca lo había leído, me tomó un tiempo localizarlo. Pero ¿quién era este personaje que se encontraba entre otros llamados Hageo y Malaquías? ¿Y quiénes eran estos últimos?

Como siempre, Doris estaba en lo correcto y me alegro de haberle finalmente prestado atención a lo que me decía. ¡Zacarías realmente me estaba hablando! Por medio de este profeta del pasado, Dios nos estaba dando una visión para el futuro. Luego de investigar la materia de cerca, descubrí que durante una decena de años, la tarea de reconstruir el Templo había quedado sólo a medio terminar. Zacarías fue comisionado por Dios para *animar a la gente a cumplir con su responsabilidad inconclusa.* En lugar de obligarlos a actuar con graves palabras de reproche, él los invitó a trabajar haciéndoles presente la importancia que había de tener el templo en el futuro. Este fue un estilo diferente de liderazgo para aquella época.

El mensaje era claro: El Templo debe ser construido porque algún día la gloria del Mesías habitará en él. Una bendición del futuro depende de la obediencia en el presente. La gente no estaba construyendo sólo un edificio, sino el futuro de su comunidad y Zacarías los ayudó a interiorizar este mensaje. Esta visión avasalladora era mucho más que simples ladrillos y mezcla de cemento, muchísimo más que un mero edificio. Zacarías proyectó una gran visión: Jesús ha de venir pronto y la gente debe estar preparada para su llegada.

Hoy en día, bajo esta dispensación, el Templo de Dios es mucho más que una estructura física. Es la Iglesia, es el Cuerpo de Cristo. El es la piedra angular y nosotros las personas, somos los ladrillos de la edificación. Está construido con gente—gente de carne y hueso que vive y respira. Sin la gente, el Templo no puede existir.

¡La gente antes que nada!

Cuando era un joven capitán, me nombraron secretario territorial de la juventud y candidatos y me hallé, de la noche a la mañana, en los venerados salones del cuartel territorial. Previo a ese momento, el cuartel territorial era como otro planeta, que rara vez entraba en mi "órbita". Yo nunca había servido en el cuartel divisional, ni mucho menos en el cuartel territorial. Se puede decir que sabía más acerca del planeta Plutón que de estas dos constelaciones del Ejército.

Con mi nueva designación, tuve el privilegio de formar parte de las juntas administrativas y ¡por Dios que se me abrieron los ojos! El Concejo de Propiedades puso a prueba mi paciencia más que cualquier otro grupo. Los demás miembros pronto se cansaron de este joven capitán que insistía constantemente en que no se debía construir edificios para los cuerpos hasta que no hubiera personas que los habitaran. Este argumento tenía mucho sentido para mí. Los planes de edificación para los cuerpos incluían por lo usual un gran santuario de estilo moderno, salones de clases en abundancia y una cocina que dejaría en vergüenza al departamento de servicios de comida del Ritz o del Carlton. Y cuando revisaba las estadísticas de estos cuerpos, la mayoría de las veces hallaba un promedio de 15 en la Escuela Dominical y un rol de 25 soldados, la mayoría inactivos. Parecía sostenerse la idea optimista, pero errada, de que la gente vendría al cuerpo si se contaba con la infraestructura adecuada. Desgraciadamente, esta convicción de que para que la gente se sume al cuerpo basta con construir los edificios necesarios "pertenece al mundo de los sueños". Muchos de los edificios construidos en ese entonces siguen vacíos hoy en día y mi opinión sigue siendo que es pésima política y un error de graves consecuencias pensar que la disponibilidad de la infraestructura debe anteceder al reclutamiento de nuevos salvacionistas que supuestamente llenarían las plazas abiertas por esa nueva infraestructura.

Mi frustración llegó a tal extremo que un día, con la impulsividad irreflexiva de la juventud, entré a la sala de concejo luciendo una enorme placa de colores chillones que decía en grandes letras ¡LA GENTE ANTES QUE LA PROPIEDAD! Aquel día aprendí mi primera y dura lección sobre la política de las reuniones, porque incluso aquellos que extraoficialmente estaban de acuerdo conmigo, me ignoraron. Al cabo de la reunión, se me ordenó presentarme a la oficina del secretario en jefe y recibí la reprimenda de mi vida.

He guardado esa placa, esperando pacientemente el día en que pueda volverla a usar. ¡Y ese día ha llegado! Las palabras han cambiado un poco—¡PRIORIDAD! ¡LA GENTE ANTES QUE NADA! Este mensaje sigue siendo valedero. Las personas son el tesoro que invertimos en el cielo. Consideremos lo siguiente. Si Jesús nos visitara hoy, ¿qué tipo de templo encontraría? ¿Acaso un complejo con magníficos santuarios e infraestructuras en gran parte vacías? ¿Una edificación que está sólo a medio terminar? ¿O se encontraría

Jesús con una edificación que está terminada precisamente porque está llena de gente? Jesús dijo:

Preséntense ustedes mismos como piedras de construcción para la edificación de un santuario vibrante de vida en el cual sirvan de sacerdotes consagradas, y ofrezcan sus vidas, aprobadas por Cristo, a Dios. Ustedes son los elegidos, elegidos para responder al sublime llamado de dedicarse a la obra sacerdotal que Dios ha elegido para su pueblo santo, los instrumentos que Dios a elegido para realizar su obra y para que hablen por él, para comunicar a los demás la diferencia del día a la noche que él ha marcado en sus vidas—de ser nada a ser algo, de sentirse rechazados a sentirse aceptados.

(1 Pedro 2:5, 9, *El Mensaje*)

¡Aquí está! Esta es a grandes rasgos y en su más profunda esencia nuestra visión.

Una visión integral

Permítanme contarles lo que Dios me está diciendo a través de la visión que le comunicó a Zacarías. Esta es mi interpretación de la visión "para el momento actual y mirando al 2000".

¡Jesús viene! Esta fue la motivación de Zacarías. Tenía la visión de un Templo terminado, completo y listo para la llegada del Mesías. Jesús viene de nuevo al mundo. Lo que nos motiva a realizar nuestra misión es la resurrección de Cristo y la promesa de su retorno. Esta realidad para el presente y el futuro nos impulsa y nos incita a terminar la construcción del Templo, que viene a ser una iglesia colmada de gente. *¡Prioridad! La gente antes que nada. Salvarse, mantenerse salvos y hacer que otras personas se salven.* Esta es la visión en toda su extensión.

El anciano y el joven abundantes (vv. 5, 4). Jesús no hace distinción de personas, pues todos estamos incluidos en su plan divino: todos los tipos y tamaños físicos, todas las razas y culturas, todos los sexos y todas las edades. Esta visión incluye a todos. Dios ha elegido tanto al joven como al anciano en esta visión porque ellos son los más vulnerables, ya que representan los dos extremos del ministerio en toda su amplitud. Nosotros hemos sido históricamente un Ejército que se acerca al más débil y al más vulnerable, a aquellos que no pueden hablar por sí mismos. Esto es lo que somos, nuestra contribución especial y lo que mejor sabemos hacer.

Consideremos por un momento más de cerca esta idea, pues es de enorme trascendencia para nuestro ministerio y nuestra misión. Comprendámosla a cabalidad o de otro modo no podremos avanzar. La visión general de Zacarías consistía en terminar el Templo. El vio este Templo enteramente construido—terminado. Esta visión le vino de Dios y él se la comunicó a los trabajadores. Al recibir y comunicarles esta visión, Zacarías tuvo que ver mentalmente todas las partes, hasta las más pequeñas, que componían esta gran visión. Una serie de "pequeñas visiones" se combinan para lograr la "gran visión".

Las palabras visión y pasión no son necesariamente sinónimas, pero debieran condicionarse recíprocamente. Los dones y habilidades que poseemos varían de una persona y otra, pero debieran combinarse para darle inspiración a nuestra visión y para encender nuestras pasiones. Nuestras "pequeñas visiones" constituyen una combinación compleja de todos los elementos de nuestras historias individuales. El éxito corporativo dependerá de cuán bien nos podamos unir para lograr un propósito y un objetivo común—uniendo todas estas "pequeñas visiones" para completar esta "gran visión" en la que todos concordamos.

Por ejemplo, la "pequeña visión" personal de Zacarías pudo haber sido el diseño y la ambientación del Templo. Sus dones y habilidades le hicieron posible ver y comunicar la "gran visión". Su pasión se manifiesta en la arquitectura del Templo, en la creación de un hermoso edificio para la gloria de Dios y para la enseñanza espiritual de la gente. Esta "pequeña visión" fue su impulso, su obligación y su motivación. Le hizo latir el corazón y fluir la adrenalina y lo ayudó a levantarse temprano cada mañana.

La "pequeña visión" de otro de los trabajadores pudo haber sido la de echar los cimientos del Templo, pues ésta era su habilidad particular. Su pasión se pudo manifestar en su habilidad especial en la ingeniería de terrenos y en el estudio de las muestras de tierra. Su especialidad habría sido la de cerciorarse de que las pendientes y la profundidad de los cimientos que habían de sostener el peso de la estructura fueran las adecuadas. Este fue su impulso, su motivación y su obligación. Todo ello le hizo latir el corazón y fluir la adrenalina y lo ayudó a levantarse temprano cada mañana.

Otro de los trabajadores pudo haberse interesado en la decoración interior, en la disposición de los asientos, en el diseño y en los colores, en las piezas idóneas para el altar y para los vitrales de colores. Este era su talento, y su pasión, la creación de la mejor combinación estética de colores y texturas. Este fue su impulso, su motivación y su obligación. Todo ello le hizo latir el corazón y fluir la adrenalina y lo ayudó a levantarse temprano cada mañana.

Otro más se habrá encargado de apiñar a los animales, y otro habrá trabajado en la cantera de rocas y otro se habrá encargado del presupuesto ... Ustedes captan la idea. Todas estas pequeñas visiones y pasiones se unieron para lograr un gran propósito y un objetivo común. Cada una de ellas fue necesaria para hacer de la gran visión una realidad. Zacarías no pudo hacerlo solo, pero contribuyó de acuerdo a su pasión y habilidad individual. Su responsabilidad fue recordarle constantemente a su pueblo la gran visión que Dios le había comunicado y no permitir que nadie perdiera de vista la gran imagen del Templo que habían de construir.

¿Cuál es nuestra "gran visión"? Es una visión integral. Es el Templo, una vez terminado y completo. Es ¡PRIORIDAD! ¡LA GENTE!—la gente colmando el templo con su asistencia. Esta es la "gran visión" que comparto con ustedes. Debo confesar que yo también tengo "pequeñas visiones". Siento una pasión por los cimientos, es decir, por los jóvenes del Ejército (fue la Escuela Dominical y otros programas juveniles los que me atrajeron al Ejército). También siento pasión por el trabajo de cantera—por rescatar vidas que están destruidas, por medio de la formación de Cuerpos de Recuperación y Nueva Esperanza (mi padre era alcohólico). Siento pasión por la decoración de interiores y por las gamas de color—con lo que quiero significar, para ser más específico, los ministerios étnicos. (En los años sesenta marché por los derechos civiles, pues me indignaba la injusticia y me consternaba la discriminación imperante). Estas son las "pequeñas visiones" que me impulsan. Son las motivaciones y obligaciones que hacen latir el corazón y fluir la adrenalina y ponen carbones encendidos en mis entrañas. Esto me hace querer levantarme temprano cada mañana.

Tus pasiones pueden ser distintas a las mías. A ti puede apasionarte nuestra obra entre los adultos, o el servicio social, o los ministerios femeninos. Puede ser que las artes creativas o musicales hagan fluir tu adrenalina. Tal vez te emocionan los proyectos de propiedades o tus pasiones se encienden con los presupuestos y los libros de contabilidad. ¡Todos estos trabajos son maravillosos! Y son esenciales para la visión de conjunto. Lo importante es que todas nuestras pequeñas visiones estén totalmente integradas para lograr un propósito y un objetivo común.

Yo no te impondré todas mis pequeñas pasiones. Buscaré a aquellos que comparten la misma pasión y los liberaré y animaré, y reforzaré el ministerio. Fomentaré ciertas iniciativas creativas en estas áreas. La experimentación y la innovación ocuparán el primer lugar en mi lista de prioridades. Correremos algunos riesgos y sorprenderemos a algunas personas. Al mismo tiempo, apoyaré las iniciativas creativas que surjan de tus propias pasiones y de tus pequeñas visiones. Se establecerá una clima de libertad en la que no perderemos nunca de vista la "gran visión".

No estoy a favor de mantener el orden establecido, aun cuando pudiera ser el camino más fácil a seguir. Creo que la convergencia de circunstancias ordenadas por Dios nos ha unido a todos en este lugar y en este tiempo en particular. Dios tiene un propósito específico para nosotros; todo está en su lugar. No es coincidencia ni casualidad que nos hayamos posicionado perfectamente para pasar al siglo 21 marcando un nuevo paso que todos hemos de seguir e imitar en el Ejército.

¡Afírmense en sus asientos, pues la jornada que nos espera va a resultar vertiginosa, frenética, emocionante y estimulante!

La visión continúa

Los Israelitas eran un pequeño remanente, desalentados (v. 6). Volvían de Babilonia para reconstruir el Templo, lo que parecía una tarea imposible de realizar. Se enfrentaron a la oposición y la hostilidad que les venía desde dentro tanto como desde fuera, pero Dios les dijo: "... para mí no es gran cosa". Se le ha asignado una gran visión a este territorio. La tarea parece imposible de realizar por momentos, y a menudo nos sentiremos desalentados. Enfrentaremos la oposición y la hostilidad por dentro y por fuera. Nos veremos llevados hasta nuestros límites, pero recuerden que quien nos guía es un Dios todopoderoso que dice: "se puede hacer". Al enfrentar lo aparentemente imposible, debemos recordar constantemente el hecho de que con Dios todas las cosas son posibles.

Encontramos una promesa de perdón y unidad (v. 8). El reunirá a su gente en donde sea que estén dispersos y perdonará sus pecados. Este versículo hace referencia a todos aquellos que conforman el pueblo de Dios, donde quiera que se encuentren. El añadirá más personas a este pequeño grupo y también al del Territorio Este de Estados Unidos (19.220 soldados a una población existente de 70 millones) y seguirá incluyendo a cada una de las diversas culturas que habitan en este país. El tema recurrente es la unidad: ¡Unidos sin límites!

En la visión bíblica *"El Señor Dios Todopoderoso dice: continúa el trabajo y termínalo"* (v. 9). La visión le ha sido entregada a este territorio. La tarea de reconstruir el Templo ya ha comenzado, pero no está terminada. Cuando Jesús venga, queremos que encuentre un Templo que esté terminado y completo. Otros territorios en el mundo están atentos a nosotros para ver lo que hacemos y tomar ejemplo de nosotros. Estamos dando la pauta a los demás territorios en todo lo que se refiere al cambio y la innovación. Gracias a los cimientos del trabajo de aquellos que nos han precedido, seguiremos sirviendo de modelo a los demás territorios en los años futuros. Nuestro cometido y deseo es continuar el esfuerzo que ya se ha empezado. Nuestro deseo es animarte en el trabajo que ya estás haciendo y alentarte en los sueños que deseas realizar. Venimos a trabajar junto contigo.

¡Todos salimos ganando!

Ed Beck, ex jugador de baloncesto de Kentucky y capellán a tiempo parcial del equipo olímpico norteamericano, nos cuenta la siguiente historia que ocurrió durante las Olimpiadas Especiales. Como se sabe, estos juegos reúnen a personas física y mentalmente impedidas, de diferentes edades, grupos étnicos y procedencias culturales y sociales. Ed estaba atento a cómo ocho de estos atletas especiales se formaban en línea para la carrera de los cien metros planos. Todos salieron al darse la partida pero, de repente, uno de ellos, un chico físicamente pequeño, cayó al asfalto y comenzó a llorar. A continuación sucedió algo sorprendente y maravilloso. Los otros siete atletas, que escucharon su llanto se volvieron a ayudarlo. Una chica se agachó, besó su rodilla y dijo: "Esto ayudará a que te sientas mejor". Acto seguido, los ocho atletas juntos unieron sus manos y caminaron hacia la meta, bajo la aclamación del público. Todos y cada uno de ellos resultaron los ganadores.

Nosotros no estamos limitados física ni mentalmente en este territorio. Por el contrario, las habilidades de que disponemos son extraordinarias. Pero sin la asistencia de una fe sencilla que mire hacia a delante, todas nuestras habilidades y esfuerzos serán en vano. Hemos venido a animarte, inspirarte y a ser inspirados por ti. ¡Unidos terminaremos la construcción del edificio!

¿Y qué nos ha prometido Dios si permanecemos fieles y terminamos la obra que nos ha llamado a hacer?

"¡Pero todo es distinto ahora!" dice el Dios todo poderoso, *"porque estoy sembrando paz y prosperidad entre vosotros"* (vv. 11, 12). Si nos unimos en un objetivo común, habrá prosperidad y bendición. Las cosechas (los cuerpos) prosperarán. La vid (el rol) estará cargada de fruto. La tierra (el territorio) será fértil, colmada de bendiciones. Judá (el Territorio Este) es una palabra de bendición. Dios, a través de Zacarías, nos promete prosperidad y felicidad. No sientas temor ni desaliento. ¡Sigue adelante! Si lo haces, Dios ciertamente te bendecirá.

El compositor Giacomo Puccini escribió varias óperas famosas. En 1922, se enfermó repentinamente de cáncer mientras trabajaba en su última ópera, *Turandot*, que es considerada por muchos hoy en día, su obra maestra. Puccini dijo a sus estudiantes: "Si no logro terminar esta ópera, quiero que ustedes lo hagan por mí". Al poco tiempo de formular esta petición, falleció.

Los estudiantes de Puccini estudiaron la ópera con detenimiento y en poco tiempo la terminaron. No fue la obra de un solo hombre, sino el esfuerzo de un equipo. En 1926 se realizó el estreno mundial de *Turandot* con la orquesta de Milán bajo la dirección del estudiante predilecto de Puccini, Arturo Toscanini. La ópera fue interpretada bellamente hasta la parte aquella en que Puccini se vio obligado por su enfermedad a interrumpir su composición. Con lágrimas en los ojos, Toscanini hizo un alto en medio de la ópera y, dirigiéndose a la audiencia, exclamó: "Hasta este punto llegó el maestro, y en este punto murió".

Se produjo un silencio total en la audiencia. Luego Toscanini tomó la batuta, sonrió entre las lágrimas y dijo: "Pero los discípulos terminaron la obra".

La batuta le fue entregada a Zacarías. Cuando Jesús murió, la batuta fue pasada a sus discípulos, a quienes se les encomendó terminar la tarea. Esa batuta ahora nos ha sido entregada a nosotros. Es una sinfonía inconclusa en la que estamos trabajando y en la que unidos lograremos terminar la obra que se nos ha encomendado.

Esta es tu tarea: Di la verdad. Se justo. Vive en paz con todos (vv. 16, 17). En otras palabras, trabaja con fuerza en esta tarea conjunta. Desarrolla vínculos fundados en la confianza. ¡Unidos no hay límites! ¿Y cuál es el resultado?

Personas de todo el mundo peregrinarán y se agolparán en Jerusalén provenientes de muchas ciudades distintas para asistir a estas celebraciones (vv. 20, 21). La gente escribirá a sus amigos en otras ciudades diciéndoles: "Vamos a Jerusalén (el Territorio Este de Estados Unidos) a pedir al Señor que nos bendiga y sea misericordioso con nosotros. ¡Yo voy! Por favor, ven conmigo. ¡Vamos ahora!"

18

Una visión para la juventud

No hemos hecho de esto un secreto. Lo hemos gritado al viento para todos aquellos que lo quieran escuchar. Se lo hemos insinuado suavemente a quienes se niegan a escucharnos. Lo financiaremos. Le daremos prioridad. Lo fomentaremos en el Territorio Este de Estados Unidos. Esto forma una parte decisiva de nuestra visión. ¡Este es nuestro futuro!

No es un secreto que a Doris y a mí nos apasiona el futuro. Esta pasión se centra en la juventud del Ejército. Las palabras *juventud, esperanza* y *futuro*, siempre deben ir incluidas en una misma frase. No puede existir una de ellas sin las otras dos. La forma que asumirá el Ejército mañana está directamente relacionada con la esperanza que habita en nuestros corazones en el día de hoy. ¡Mañana, hoy! Tú y yo seremos responsables de darle forma a esta esperanza. Hemos heredado esta responsabilidad del Creador en persona.

El torno del alfarero
La tierra estaba desordenada y vacía. ¡Desordenada! ¡Sin forma! ¡La nada! El experto alfarero pone el torno a girar sobre su eje. Sin luz. Ciego. "¡Sea la luz!" Sin noche. El esplendor. El torso

de arcilla se vivifica. La mirada concentrada en la obra. Las manos comienzan a crear ... mientras el mundo gira.

¡El firmamento! ¡El agua! ¡El cielo! ¡La tierra! La arcilla comienza a tomar forma. Inerte. ¡La vegetación! ¡Los árboles! ¡Las aves! ¡El ganado! La arcilla comienza a adquirir vida. El buey, el pulpo, el mapache y el mandril—¿Una imaginación desenfrenada? Apenas. ¿Se estará haciendo el gracioso? Tal vez. ¿Su impronta única y divina? ¡Por supuesto! ¡Los que observan desde el cielo todavía no han visto nada!

En un abrir y cerrar de ojos. Una pizca de polvo. El toque creativo.
Soplo de vida. ¡Ssssss!
Autorretrato. ¡Obra maestra!
Sueño. Incisión. Costilla. Sutura.
¡Ssssss!
Compañera.

Hombre y mujer que han sido moldeados en la vitalidad de su imagen. Vibración. Vigor. Verbo. Entusiasmo. Energía. Expectativa. Impulsivo. Impaciente. Idealista. Ambos llenos de esperanza. ¡El futuro de este planeta!

El envejecimiento no era parte del plan divino. La eternidad y la juventud forman una dupla de sinónimos creativos. La juventud y el futuro están inextricablemente unidos.

Moldeados en la eterna vitalidad de su imagen. David—Juventud. Daniel—plenitud. Pedro—impulsivo. Pablo—impaciente. Timoteo—idealista. Todos ellos llenos de esperanza.

¡El futuro de este planeta!

Moldeados en la eterna vitalidad de su imagen. Agustín—esperanza. Francisco de Asís—convicción. Huss—reforma. Pascal—curiosidad. Bunyan—vivacidad. Todos ellos llenos de esperanza.

¡El futuro de este planeta!

Moldeados en la eterna vitalidad de su imagen. Booth—pasión. Railton—impaciencia. Cadman—pasión. Smith—fervor. Shirley—devoción. Todos ellos esperanzados.

¡El futuro de este planeta!

Moldeados en la eterna vitalidad de su imagen. Carlos—frescura. Claudia—pasión. Leighton—vitalidad. Jennifer—entusiasmo. Marcos—energía. Todos ellos son delegados de un reciente seminario de candidatos y estudiantes. Todos ellos llenos de esperanza.

¡El futuro de este planeta!

El Torno del Alfarero nos ha sido confiado. El futuro está en nuestras manos. La arcilla se vivifica. La vista dirigida al objetivo. Las manos comienzan a crear ... mientras el Ejército gira.

La esperanza del Ejército es la juventud,
Creedme cuando digo:
La esperanza del Ejército es la juventud

que ingresa a nuestras filas hoy en día.
Todos estamos muy agradecidos de la gente mayor
que formó y dio inicio a la obra del Ejército.
La esperanza del Ejército—sí, la esperanza del Ejército
es la juventud de hoy.

'¡Mañana, mañana, te amo, mañana!'

¿Qué nos ocurrirá mañana? La esperanza, eso es lo que nos ocurrirá. ¡El futuro! El futuro ya está ocurriendo. El Ejército del futuro ya está tomando forma a medida que leemos estas páginas.

El Torno del Alfarero nos ha sido encomendado. La forma del futuro está en nuestras manos. ¿Cómo será? La esperanza del Ejército emerge de nuestra visión. Nuestra tarea es...

Orar por la pasión. La pasión es el proceso creativo. Nuestra inspiración es la que determina la forma que ha de asumir el producto futuro.

Establecer las prioridades. Debemos analizar nuestras prioridades. ¿Qué nivel en la escala de prioridades debe ocupar el ministerio y los programas preventivos de la juventud?

Delegar el poder al nivel que corresponda. Debemos apoyar el movimiento de la juventud del Ejército en el día de hoy. Debemos ayudarles en todo lo que sea necesario para que puedan realizar su misión y ministerio.

Al alfarero le apasiona su trabajo. La pasión le viene de adentro. Es esta pasión la que impulsa su creatividad. La pasión le hace ver algo muy especial en la arcilla. La pasión le ayuda a concentrarse en el resultado. ¿Qué ocurrirá mañana? La esperanza. La pasión.

Para nosotros, la esperanza viene de adentro. Debemos seguir orando por esta pasión interior. Debemos orar para que la pasión impulse nuestra creatividad. Debemos orar para que la pasión nos inste (nos inspire) a ver más allá del niño delgaducho, el joven inseguro o el estudiante universitario que se siente confundido. Debemos orar para que la pasión nos arranque las vendas de los ojos y nos ayude a ver por encima de nuestras propias fronteras generacionales y culturales. La pasión nos dará una visión—una visión para ver y crear un ambiente que atraiga y retenga a nuestra juventud. La pasión nos inspirará y nos ayudará a buscar los resultados.

¿Hacia dónde nos dirigimos mañana? Debemos volver al principio y comenzar desde ahí. Tomar algo avejentado para tratar de rehacerlo no nos servirá de nada. Necesitamos hacer algo nuevo. Debemos adquirir la capacidad de imaginar la masa de arcilla en sus comienzos y verla como una posibilidad de realizar una nueva creación.

Me cautivó el título de un artículo escrito por Phil Wall de la edición número 28 del *Salvacionista*, el cual decía así: "Cómo hallar al Teniente que llevamos dentro". Estas palabras me lo decían todo, con ellas mi imaginación se remeció. No había ni para qué leer el artículo.

Sin embargo, lo leí y a medida que lo hacía, mi actitud hacia éste cambió. El autor decía que "necesitábamos recuperar nuestra lozanía". Francamente, creo que esto no me es posible. Es física, mental y emocionalmente imposible para mí recuperar, algún día, la lozanía de mis días de teniente. Nunca podré recuperar el pelo que tenía cuando joven o la silueta que lucía entonces, ni podré volver a tener una piel libre de arrugas ni la misma frente juvenil que tenía cuando era teniente. Tampoco puedo abotonarme el mismo uniforme de esos años, porque me ha quedado chico para siempre. Y no importa los sacrificios que haga o los productos milagrosos que use, nunca recuperaré las 'energías ilimitadas, ni sentiré el entusiasmo fogoso', sobre el que habla Phil Wall en su artículo. Jamás volveré a hallar al teniente que solía ser y me resigno ante esa incontrarrestable y amarga realidad.

Sin embargo, en un sentido figurado, sí puedo hallar a ese teniente dentro del Ejército como movimiento. Puedo ver al Ejército a través de los ojos de un teniente joven que comienza a dar sus primeros pasos. Puedo ver al Ejército como un nuevo comienzo, puedo estimular, autorizar y liberar a aquellos jóvenes tenientes que se desempeñan hoy mismo dentro del Ejército. Puedo ejercer un rol decisivo para el éxito de todos ellos ... Puede ejercer un rol decisivo en la tarea de dar forma al futuro del Ejército por medio de su juventud y sus nuevos tenientes. Puedo ver la lozanía, impulsarla, alentarla, darle poder y liberarla, puedo empaparme de ella, aun cuando mi propia lozanía esté algo más gastada que en aquellos días. ¿Qué ocurrirá mañana? La esperanza, la pasión y las prioridades—todo ello es lo que ocurrirá mañana.

La pasión inspira nuestras prioridades y la esperanza nos ayuda a planificarlas, nos ayuda a fijar el curso a seguir y nos ayuda a mantenernos enfocados en nuestro cometido. ¿Cómo queremos que se vea el producto final? ¿Queremos que tenga un estilo antiguo o un estilo contemporáneo? ¿Queremos que el Ejército del futuro sea una obra de incalculable valor que se ha quedado guardada en la bóveda de un museo y que se saca sólo ocasionalmente para admirarle su belleza y valor histórico? ¿O queremos que sea una obra de arte viviente, productiva y útil? En su libro *Autorenovación*, John Gardiner dice lo siguiente:

> Una sociedad (organización, persona) cuyo proceso de maduración consista sólo en ir adquiriendo de manera cada vez más firme las formas establecidas de hacer las cosas no hace sino encaminarse derecho al cementerio, incluso si adquiriese la habilidad de llevarlas a cabo con mayor eficiencia. En una sociedad (organización, persona) que siempre se está renovando, lo que madura es el sistema o estructura dentro del cual puedan producirse innovaciones, renovaciones y renacimientos continuos.

Yo puedo remozar al teniente que vive dentro de mí, estableciendo un sistema o estructura dentro de los cuales se puedan producir innovaciones, renovaciones y renacimientos en forma continua. Para lograr esto, se debe concebir en todo momento al Ejército como un nuevo comienzo. Gardiner prosigue:

> Si una sociedad (organización, persona) desea lograr una renovación, tendrá que crear un ambiente que sea atrayente para

los hombres y mujeres emprendedores y creativos. También deberá tener la capacidad de producir hombres y mujeres que puedan autorenovarse.

¿Hacia dónde nos dirigimos mañana? Debemos retroceder antes de avanzar. Debemos vernos como un movimiento juvenil, no como un movimiento envejecido. Necesitamos planificar el futuro volviendo a trazar el pasado. Si trazamos el pasado podremos planificar nuestras prioridades para el futuro. Retrocedamos un momento.

La Iglesia Cristiana comenzó como un movimiento juvenil. Jesús tenía 30 años cuando comenzó a reunir a sus discípulos para llevar adelante su misión. Eligió a 12 hombres muy jóvenes y se pasó 3 años dándole forma al futuro. Comenzó con un foro juvenil que se reunió en la ladera de una montaña. Señaló los valores que no debían mantenerse constantes para siempre, *No he venido a abolirlos* (la ley y los profetas), *sino a cumplirlos.* En cierto sentido, estaba diciendo, *He llegado con leyes antiguas, pero con formas nuevas de vivirlas.*

Nuestros jóvenes salvacionistas, hombres y mujeres, se sienten cómodos y a gusto con este pensamiento. Ellos entienden cuáles son los valores que no son negociables en el Ejército, y esto me ha quedado perfectamente claro luego de haber tenido la oportunidad de interactuar con ellos el año pasado.

El Ejército de Salvación comenzó como un movimiento juvenil. William Booth tenía 16 años de edad cuando se sentó ante el Torno del Alfarero. Permítanme hacer mención una vez más de las palabras de William Bennet:

William Booth nunca fue tibio en sus sentimientos ni pasiones. Comenzó a encauzar todas sus energías con el objetivo de llevar su nueva fe a su máxima expresión posible. Su modalidad primordial de acción en este sentido fue la prédica al aire libre, lo que lo llevó a un choque inevitable con su iglesia al poco tiempo de habese adherido a ella. Por medio de su obra al aire libre, consiguió reunir a un grupo cada vez más numeroso de personas procedentes de los barrios pobres de Nottingham y los sentó en los primeros bancos de la iglesia. Por cierto a la congregación no le agradó ver, oler ni oír a estos visitantes.

William Booth era un joven revolucionario. Hoy en día se está desarrollando una revolución, impulsada por una generación joven, una nueva generación que respeta las tradiciones del pasado. Ellos quieren que el Ejército de Salvación cumpla los objetivos que se ha impuesto en función de los problemas que asolan a nuestra cultura. Ellos quieren al mismo tiempo un Ejército que se capaz de cambiar cuando las condiciones de su entorno lo requieran. La revolución se produce entre lo antiguo y lo nuevo, entre lo tradicional y lo contemporáneo, ente los jóvenes incansables y los viejos descansados. Hay suficiente lugar en esta revolución para ambas generaciones.

¿Y qué sucede con nuestras prioridades? ¿Debiéramos estar preocupados por nuestros ministerios de discipulado juvenil? ¿Están estos últimos en decadencia? ¿Estamos haciendo lo necesario para que nuestros jóvenes soldados hagan la transición a soldados adultos? ¿Estamos perdiendo a demasiados de nuestros jóvenes cuando pasan de ser la niñez a ser jóvenes adultos? ¿Está en decadencia el reclutamiento de soldados potencialmente revolucionarios? ¿No debiéramos encauzar nuestras energías con el fin de elevar a este grupo al primer lugar en nuestra lista de prioridades?

Booth era un revolucionario. El comprendió que la continuidad de la revolución y de la renovación depende de la fuerza que posea nuestro movimiento juvenil:

> En el ruido que hacen las pisadas de los jóvenes logramos escuchar los pasos que dará el mundo futuro que se nos avecina. Nuestros arsenales son los parques de juegos, las salas de clases y las guarderías infantiles. Por medio de ellos podremos reaprovisionar nuestros pertrechos y hacer marchar a nuestros ejércitos en nombre de Dios y la verdad una vez que hayamos pasado nosotros a la gloria. No estaremos aquí para siempre.

También dijo, *Debemos construir guardas en la cima del precipicio...*

¿Qué ocurrirá mañana? Debemos considerar concienzudamente nuestras prioridades. El Ejército debe acercarse y proporcionar un ambiente adecuado para la juventud que se encuentra abatida, golpeada y destrozada en nuestro propio país y en todos los demás países en el mundo. Debemos rescatar el tremendo potencial que hay en los jóvenes pero que corre el riesgo de quedar desaprovechado. Es lo que mejor sabemos hacer. Shel Silverstein expresa esta idea en un poema muy ocurrente:

> Héctor el coleccionista
> Coleccionaba cuentas de collares,
> Coleccionaba muñecas con cabezas rotas
> Y campanas oxidadas que no sonaban.

Piezas perdidas de rompecabezas,
Clavos torcidos y palitos de helados,
Pedazos de alambre, neumáticos gastados,
Bolsas de papel y ladrillos hechos pedazos.
jarrones rotos, cordones deshilachados,
pistolas sin gatillos que hace disparar,
Botecitos averiados que no flotan y
Bocinas que no tocan.
Cuchillos de mantequilla sin mangos,
Llaves de cobre que no calzan,
Anillos demasiado pequeños,
Hojas secas y calcetines con remiendos.
Cinturones viejos sin hebilla,
Trenes eléctricos sin rieles,
Modelos de avión, botellas rotas,
Sillas con tres patas y tazas rotas.
Héctor el coleccionista
Amaba estas cosas con toda su alma—
Más que el brillo de los diamantes,
Más que el resplandor del oro.
Héctor llamó a toda la gente,
'¡Vengan a ver mi baúl lleno de tesoros!'
Y toda la gente tonta y ciega
Vino, vió ... y dijo '¡Basura!'

Debemos ser el sostén de los salvacionistas de todas las generaciones, pero al hacerlo no debemos olvidar o desatender a los jóvenes que se hallan perdidos o abatidos en este mundo. Yo he visto a los jóvenes que vivían en un basurero en Manila. He visto la desesperanza en Micronesia. He escuchado con sobresalto los gritos de la "generación perdida" en

Australia. Me he codeado con posibles "maleantes" en Papúa Nueva Guinea. He luchado en los guetos de Estados Unidos. Permítanme recordarles nuevamente que, solamente en este país, de cada 100 niños, 30 son ilegítimos y este porcentaje aumenta. Casi uno de cada cuatro niños vive bajo la línea de la pobreza. Casi el 50% de los 8.8 millones de familias de madres solteras con hijos viven en la pobreza comparado con sólo un 9% de un total de 26.1 millones de familias casadas con hijos. ¿Quiénes son estos niños? Ellos son nuestros niños, esenciales para el futuro del mundo, y para el futuro del Ejército.

La primera edición de las *Ordenes generales para las reuniones de pequeños soldados* declara lo siguiente:

> El general confía en que, con la bendición de Dios, el trabajo entre los niños pueda crecer y desarrollarse en todas sus formas ... El confía en el honor de las tropas para velar por que ningún niño sea excluído a causa de la pobreza, la falta de ropa o la suciedad, sino que se entregue el amor y el cuidado más grande a los más desdichados de entre ellos.

¿Qué ocurrirá mañana? La esperanza, la pasión, la prioridad, la fuerza—todo ello es lo que ocurrirá mañana.

Mientras más fuerza apliquemos, más brillo tendrá el vaso. Mientras más lento gire el torno, más tosca se verá nuestra creación. La fuerza del torno producirá el brillo y el pulimiento ideal. No cometamos el error de frenar y disminuir la velocidad del torno. Debemos dejar que la fuerza del Espíritu Santo nos ayude a dar forma al producto terminado. Debe-

mos avanzar y no retroceder, liberar y no retener, apoyar y no
retirar.

Las últimas palabras que dirigió Jesús a sus doce jóvenes discípulos, toscos e indisciplinados, cuando dejó este planeta fueron: *Recibirán poder.* El los dejó, los liberó, les dio poder. Vean lo que ocurrió gracias al poder del Espíritu Santo.
En un abrir y cerrar de ojos, todos ellos quedaron brillantes y
refinados. Dieron vuelta el mundo para que tú y yo pudiéramos vivir hoy en un mundo lleno de sentido. Con el tiempo,
aquellos discípulos tuvieron que pasarle el manto a una generación más joven. Pablo también tuvo que pasar el manto,
como asimismo William Booth. Hoy el manto nos ha sido
entregado a nosotros ... y nosotros debemos estar dispuestos a
pasarlo a la generación siguiente. *No estamos aquí para siempre.*

¿Qué ocurrirá mañana? Ocurrirá la esperanza. Hay
que mantenerla viva.

Este territorio debe tener un foro juvenil permanente.
El seminario de candidatos y estudiantes que se realizó en
1999 es parte de este foro. Queríamos que esos 300 delegados
capturaran algo de la vitalidad y esplendor de la juventud. ¡Y
lo lograron! Permítanme decir enfáticamente que sentí una
gran fuerza, energía, sinergía y un potencial ilimitado en ese
salón durante el fin de semana en que duró el foro. El fin de
semana *On the Edge* es parte de este foro permanente. Nuestro
reto consiste ahora en encauzar esta fuerza y liberarla explosi-
vamente hasta que se propague por todo el territorio. La palabra operativa es, ¡*APOYAR!*

Para hacer más fácil este apoyo se debe invitar a los
representantes de la juventud para que asistan a la Conferencia Ejecutiva Territorial por lo menos durante un día para que

tengan la oportunidad de compartir sus preocupaciones en un diálogo abierto y productivo. Cada división debe planificar su propio foro juvenil.

No debemos dejar que se extinga la llama. Estos eventos estarán diseñados para encender esa llama y hacer que progrese este proceso. Estamos desarrollando el concepto de equipo de misión en este territorio.

Creo firmemente que debemos fomentar equipos misionales juveniles en todos los niveles, ya sea en los cuerpos, en las divisiones o en el territorio. Su primera prioridad será acercarse a los niños perdidos, abatidos y abandonados, cuya cifra aumenta a tasas alarmantes en todas las comunidades y culturas. Debemos acercarnos a aquellos jóvenes que están viviendo en situaciones críticas. Debemos salvar a este potencial ilimitado para Dios y el Ejército. Debemos traer "sangre nueva" al Ejército. Es lo que mejor sabemos hacer. Nuestra gente joven está dedicada a esto. Ellos quieren ser entrenados y apoyados para realizar esta misión. Este mensaje a viva voz se está escuchando con toda claridad.

Un delegado en el Foro Juvenil de Australia trajo a la reunión una copia de las *Ordenes y reglamentos para oficiales* y leyó el siguiente pasaje que se ameritó un aplauso atronador:

... él no sólo deberá hacer uso de los métodos tradicionales de evangelismo del Ejército, adaptándolos en la forma más eficaz posible para las necesidades del momento, sino que deberá tener la valentía de experimentar nuevas formas para hacer que se conozca a Jesús como el Salvador de los hombres. En otras palabras, deberá estar dispuesto a fracasar. En el sistema económico divino, ésta podría ser la fórmula de un éxito para la gloria de Dios.

¿Que ocurrirá mañana?

Se debe renovar el enfoque que le damos a nuestros programas preventivos. No se puede ignorar al niño preadolescente. Los jóvenes soldados se convertirán rápidamente en soldados adultos. Debemos reforzar nuestro programa de jóvenes soldados. La Escuela Dominical debe ser revitalizada con nuevos e innovadores métodos. Relacionar a la gente joven con mentores adultos es también un componente esencial en su crecimiento como cristianos y como discípulos. Se debe enseñar a los adultos de los cuerpos a prestar mayor atención a la gente joven y a velar por ellos.

Un consultor internacional experto en delincuencia infantil señaló en su ponencia en un simposio reciente que, "La estructura moral de nuestra sociedad está en decadencia porque hemos desatendido el importante papel de la Escuela Dominical. Si volvemos a la Escuela Dominical apreciaremos un cambio en la tendencia funesta que nos asola y en la que se denigra a nuestra sociedad y nuestra cultura".

Cuando me desempeñé como secretario territorial de la juventud y candidatos, estudié los antecedentes de éstos por un período de diez años. La mayoría eran salvacionistas de la primera generación. El setenta y cinco por ciento se incorporó a través de nuestros programas juveniles. Más del cincuenta por ciento llegó al Ejército por medio de la Escuela Dominical. Está claro que esta última debe ser nuestra prioridad. Tal como lo dice Robert Schuller, "Vamos por la próxima generación. Y por sus niños ... Debemos atraer a los niños cuyos padres no quieren saber de religión". La Escuela Dominical es el foro perfecto para la formación y educación cristiana de esos niños. Es el lugar donde se puede comenzar a formar discípulos.

Creo también que debemos fomentar la creación de cuerpos juveniles "autoresponsables". Estos cuerpos pueden asumir dos formas diferentes. Podemos alentar a los "cuerpos juveniles" a ser parte de una estructura corporal ya existente. Este concepto ya se había desarrollado anteriormente como "La legión de jóvenes" y resultó ser muy efectivo. Los jóvenes realizaban su propia reunión dominical, dirigiendo todo y haciendo ellos mismos la prédica. Era una excelente forma de preparar futuros líderes. Ellos organizaban sus propios eventos sociales y sus programas de expansión evangelística. El libro Ordenes Generales para las Reuniones de Pequeños Soldados Dice:

> Se debe celebrar una Asamblea de Pequeños Soldados cada vez que se lo considere necesario ... Un Capitán puede, si lo considera conveniente, formar una compañía de Pequeños Soldados y llamarla 'Segundo Batallón' del cuerpo, y permitirle que se organice por sí sola en todos sus aspectos.

Las iglesias en crecimiento que cuentan con un componente significativo de miembros juveniles están haciendo esto mismo hoy en día. Lo que quiero sugerir es que rescatemos este concepto de "cuerpos juveniles" bajo una nueva bandera, usando un estilo de actualidad.

¿Por qué no considerar a los "cuerpos juveniles" fuera de la estructura tradicional? Cuando se analiza esta idea, el concepto de cuerpos creados en torno a grupos de una determinada edad comienza a cobrar sentido, específicamente en esta época en que las familias se encuentran tan fragmentadas. El trabajo con los jóvenes se ha vuelto una actividad muy especializada. Necesitamos identificar a los oficiales que posean las cualidades necesarias en estas áreas y ofrecerles un entrenamiento especializado. Debemos incentivarlos a que planten estos "cuerpos juveniles" subvencionados en la misma forma que los demás programas "preventivos". ¿Parece esta idea demasiado radical y riesgosa? Lo es, pero es lo que nosotros hacemos.

Necesitamos esforzarnos más para encontrar la manera de aumentar nuestra capacidad de tomar riesgos. Como líderes, debemos correr algunos de estos riesgos y liberar al "teniente que llevamos adentro". Debemos ver al Ejército como un nuevo comienzo, debemos alentar, apoyar y liberar a esos jóvenes que ya forman parte del Ejército. Debemos jugar un papel decisivo en la formación del futuro del Ejército por medio de esos jóvenes soldados o de esos jóvenes tenientes. Debemos ver este brillo y esplendor juvenil, impulsarlo, alentarlo, apoyar y liberarlo, para luego poder pasar a retiro y alegrarnos en él, sabiendo que el Ejército y su misión están en buenas manos.

¿Qué ocurrirá mañana? La pasión, las prioridades, la fuerza, la esperanza—todo ello es lo que ocurrirá mañana.

El Torno del Alfarero nos ha sido confiado. El futuro está en nuestras manos. La arcilla se vivifica. Los ojos están puestos en el objetivo. Las manos comienzan a crear ... mientras el Ejército gira.

19

Una visión inclusiva

Con respecto al papel que desempeña la mujer en el Ejército de Salvación, pienso que nos vemos enfrentados a un "choque de culturas". La cultura del Ejército está en conflicto con muchas otras culturas en distintos grados. Históricamente, hemos defendido el derecho de la mujer a ocupar las posiciones de liderazgo en el Ejército en igualdad de condiciones. Catherine Booth, pionera del liderazgo femenino en el ministerio, definió el papel de la mujer en este movimiento. De ello no cabe duda alguna. Sin embargo, se produce una interrogante en cuanto a la respuesta de las distintas culturas y subculturas a este papel central que juega la mujer en el Ejército y al extremo en que estos diversos puntos de vista se han hecho sentir en la cultura del Ejército. Permítanme compartir con ustedes mis observaciones personales acerca de este tema.

Primero, no existe una solución fácil a esta compleja situación. Debemos concentrar nuestras energías en preparar y apoyar a esta nueva generación de mujeres. Si lo logramos hacer de manera eficaz, podremos apoyar a la próxima generación. No nos preocupemos por aquellos que se resisten al cambio, sino por los que están a favor del cambio, comprendiendo que aunque todavía nos quede camino por recorrer, hemos hecho progresos considerables en este campo.

En segundo lugar, no podemos olvidar a los hombres en este proceso de preparación. También nosotros debemos ser educados en cuanto a los cambios que están ocurriendo en la naturaleza del liderazgo femenino en el Ejército de hoy. Debemos tratar de eliminar de nuestra mente los prejuicios de las diferencias sexuales y los estereotipos y promover nuestros propios paradigmas al siglo 21. Esto nos ayudará a recordar que nuestros valores y costumbres han sido moldeados por nuestra cultura. Ellos están profundamente arraigados dentro de cada uno de nosotros. Parte de nuestra tarea es preparar a los hombres para el cambio. Cuando logremos hacer esto, estaremos dando un enorme paso hacia adelante en apoyo de las mujeres. No podemos olvidar esta parte del proceso.

Mi posición con respecto a estos temas se desarrolló a una edad temprana al ver a mi madre ejercer un liderazgo activo en nuestra familia y trabajar de manera admirablemente competente fuera de la casa. Durante la segunda Guerra Mundial era conocida como "Rosie, la Remachadora" (en verdad, era Maggie, la Remachadora). En los últimos dos años de la guerra, ella administró una estación de servicio de combustible. Podía hacerlo todo, ser madre, administradora y mecánico. ¡Era una supermujer! Podía arreglar cualquier cosa y hacer cualquier cosa. Lamentablemente, cuando la guerra terminó, también terminó su trabajo. Al no necesitársela más, fue relegada a la posición de ciudadana de segunda clase, al menos por un tiempo.

Recuerdo haber ido a esa estación de servicio con ella, poco después de que terminara de trabajar. Mientras llenaba el estanque de combustible, un cliente le dijo: "La extrañamos tanto aquí. Usted es capaz de arreglar cualquier cosa. Estos hombres no tienen idea de lo que están haciendo". Estas palabras tuvieron un impacto muy profundo en mí. Recuerdo haber pensado, "¿Por qué no trabaja más en la gasolinera? Si ella era tan buena y eficiente, ¿por qué dejaron que se fuera? Ella traía el pan a nuestra casa, pero debido a que era mujer, fue relegada a un plano menor, y de resultas disminuyeron substancialmente sus ingresos.

Como pueden ver mi posición con respecto a estos temas se desarrolló a una edad temprana. Debemos comenzar a preparar a esta generación de jóvenes. Si preparamos adecuadamente al hombre, daremos un paso enorme hacia la potencialización de la mujer.

En tercer lugar, hagamos más egalitario el ministerio en equipo. La mayoría de los oficiales directivos son matrimonios y es aquí donde comienza la preparación. Este es el terreno donde se forman los futuros líderes. Debemos elaborar una estrategia que nos permita evaluar las habilidades, las capacidades y los dones de cada miembro del equipo y ayudarlos a integrar estas capacidades en un ministerio equilibrado. Todavía existen oficiales que seleccionan los roles basados exclusivamente en estereotipos. Parte de la culpa de esta situación recae sobre los líderes.

Después de casados, Doris me acompañó en nuestro primer nombramiento. La expectativa era que ella vendiera el *Grito de la Guerra* y yo el Ejército; ella debía hacerse cargo de hacer colectas en los bares y yo de depositar el dinero en el banco. Ella debía pararse con la olla roja mientras yo me encargaba de administrarla (en esa comunidad teníamos una sola olla roja). Ella debía clasificar la ropa en la tienda del Ejército y yo debía preocuparme del contrato de arrendamiento de la tienda; ella debía llevar los libros de contabilidad del cuerpo al día, y yo debía salir a almorzar con las personalidades importantes de la ciudad.

Era obvio que íbamos derecho al fracaso. Permítanme usar los libros de contabilidad del cuerpo como ejemplo. (Doris me dio permiso para contarles esto.) Doris es una persona sumamente talentosa, pero la contabilidad no es uno de sus fuertes. Este fue un proceso muy doloroso y frustrante para ella. Pasó días enteros trabajando en esos libros, pero no podía hacer el balance, situación que inevitablemente terminaba en lágrimas y creaba una creciente tensión en nuestra relación. Sin embargo, yo me mantuve firme, insistiendo en que trabajara en ellos hasta que solucionara el problema, sin importar cuánto demorara y cuál fuera el costo. Yo tenía la imagen estereotipada del "macho" en cuanto a lo que debía ser su papel y el mío.

Mi madre siempre tuvo a cargo el balance de la chequera y el dinero en nuestra casa. Cuando pienso en los oficiales que ejercieron alguna influencia en mí, me doy cuenta de que eran sus esposas las que llevaban las cuentas en el hogar. Por fortuna, antes de que el daño resultara irreversible, recobré mis sentidos y juntos evaluamos nuestras fortalezas y nuestras habilidades. A partir de entonces, acordamos cuáles eran los roles que desempeñaría cada uno. Con los años, hemos equilibrado nuestros deberes de la siguiente manera: Mi trabajo es estimular a la gente y el de ella, calmarlos. Yo soy el productor y ella es la directora. Yo pago las cuentas y ella recibe los agradecimientos. Yo llevo la contabilidad y ella escribe los artículos. Trabajamos equitativamente en el proceso creativo y ambos estamos satisfechos con nuestros respectivos roles.

¿Y a qué viene todo esto? Pues debemos hacer mayores esfuerzos para ayudar a los matrimonios de oficiales a evaluar sus fortalezas y debilidades, destruir las imágenes y roles estereotipados que se puedan haber hecho y hacer que logren establecer una relación más equilibrada e igualitaria.

En cuarto lugar, me gustaría ampliar el alcance de este tema para que abarque los derechos humanos en general. Utilizo el término "derechos humanos" no desde un punto de vista político, sino desde la perspectiva de las Escrituras. El ministerio de Jesús tiene que ver con la enseñanza y la ayuda—de todos. El fue el más importante defensor de los derechos humanos. No hacía distinción entre las personas, ya fueran hombres o mujeres, blancos o negros, altos o bajos, judíos o gentiles, esclavos o libres, recaudadores de impuestos o sacerdotes. Términos como "los derechos de la mujer" o "los derechos de los negros" o "los derechos de los bajos" o "los derechos de los gentiles", "los derechos de los esclavos", y otros por el estilo no formaban parte de su vocabulario. Su pasión eran los "derechos humanos" en general. Jesús vino a defender los derechos humanos y a nivelar las desigualdades y los prejuicios sociales. Por medio de su ministerio hemos podido ver que si el ser humano está en su derecho, el mundo estará derecho. La cita siguiente está sacada de mi libro *A Little Greatness [Un poco de grandeza]*:

Cuando Jesús vivió en la tierra, ya se había creado un prejuicio o sentido de las diferencias que separaban a los judíos de los

gentiles. La antigua Palestina se hallaba dividida por el prejuicio y la discordia. Todo individuo que no fuera judío era un
gentil y sólo por este hecho se le consideraba un pagano. Los
judíos eran los "escogidos" y los gentiles los "excluídos". La
tierra prometida era presa de los dogmas religiosos y de los
conflictos culturales. En oposición a todo esto, Jesús quiso
revelar una imagen distinta haciendo uso de un lente nuevo, y
la imagen que logró revelar es una obra maestra tanto por su
gama tonal como por sus contrastes.

Su primera "fotografía instantánea" es un autorretrato en
el que se ve a Jesús, el judío, hablando con una mujer samaritana. En el año 720 A.C., los asirios invadieron Samaria y comenzaron a casarse con los nativos del pueblo. Como resultado de ello, los judíos en esa área perdieron su pureza racial, lo
que para ellos era peor que la muerte misma. Aun así, Jesús
habló con una samaritana.

¿Entiendes la figura?

Su segunda "fotografía instantánea" es otro autorretrato
en el que se ve a Jesús, el rabino, hablando con una mujer. En
la cultura de la época le estaba prohibido a un rabino hablar
con una mujer en público, ¡incluso con su propia esposa o hija!
Las mujeres eran consideradas algo poco mejor que el ganado
y los hombres se alejaban de su camino para evitarlas. Aun así.
Jesús habló con una mujer en público ... y, a la verdad, fue una
conversación bastante larga.

¿Entiendes la figura?

Su tercera fotografía de la serie es otro autorretrato
en el que se ve a Jesús, el hombre, hablando con una mu-

jer de dudosa reputación. Ella tenía cuatro maridos y vivía con otro hombre que no era su esposo. Ningún hombre que se considerara decente entraría jamás en hablas con una mujer así. Aun así, Jesús sostuvo un diálogo teológico con esta mujer pecadora.

¿Entiendes la figura?

La mujer que Jesús halló junto a la fuente era samaritana, era mujer y era pecadora, todo ello reunido en una misma persona penitente que buscaba a Dios. Jesús la trató con dignidad. La trató como a una igual, como a un ser humano con todos los derechos y privilegios que merece. Jesús verdaderamente defendió los derechos humanos.

La imagen que les quiero describir es la de un retrato inclusivo de los derechos humanos. Como oficial del Ejército de Salvación, creo firmemente que todo ser humano debe ser tratado con dignidad, tanto dentro como fuera del Ejército. Quiero que cada ser humano sea tratado con igualdad. Quiero que cada ser humano sea tratado con respeto. Quiero que cada ser humano sea tratado con compasión. Quiero que a cada ser humano se le den oportunidades esperanzadoras. Quiero hablar en contra de todos los tipos de opresión. Me opongo con vehemencia a todo tipo de negación de los derechos humanos. No quiero que ningún ser humano sea relegado a la marginalidad. Walter Brueggemann expresa esta idea claramente en su libro *The Prophetic Imagination [La imaginación profética]*:

Jesús, en solidaridad con el marginado, actúa por compasión. La compasión constituye una forma radical de crítica, porque proclama que el dolor debe ser tomado en serio, que el dolor no debe ser aceptado como una condición normal y natural del ser humano, sino como algo anormal e inaceptable. La única cualidad no permitida en las relaciones humanas en tiempos de Jesús y de los faraones, era la compasión. Los imperios nunca se construyen o se mantienen sobre la base de la compasión. Las normas de la ley (el control social) nunca se adaptan a las personas, sino que las personas se adaptan a éstas. De lo contrario, las normas entrarían en crisis y, junto con ellas, toda la estructura de poder. Es por eso que la compasión de Jesús no debe ser entendida meramente como una reacción personal, sino como una crítica pública por medio de la cual él se atreve a rebelarse contra la insensibilidad de su contexto social.

Desde su fundación, el Ejército de Salvación ha sido un promotor de los derechos humanos. En solidaridad con el marginado, hemos *actuado por compasión*. Es parte de nuestro carácter distintivo. Es lo que somos. Es lo que nos ha impulsado y nos ha encendido. Debemos mantener la llama viva. Nuestra compasión debe constituir una forma radical de crítica. Debemos atrevernos a rebelarnos contra la insensibilidad de nuestro contexto social. Cuando se trate de la igualdad de la mujer, debemos seguir tratando de hacer más conscientes a aquellos que se hallan en nuestra esfera de influencia.

Existe un mundo de posibilidades para la mujer en el ministerio y dentro de las filas del Ejército de Salvación. Con el Señor como modelo, nuestro objetivo debe centrarse en la preparación y apoyo, enseñando y abriendo posibilidades que se encuentran cerradas. Pongámonos a la obra con toda la audacia y el fuego de nuestros corazones. ¡Llevemos esto a un nivel superior! ¡Que todos los seres humanos vivan sus vidas ... SIN LIMITES!

20

Una Visión Consagrada

Yo creo que Dios nos está diciendo que leamos Josué 3:1-6 para encontrar su promesa para nuestro futuro. El Espíritu Santo ha dirigido mi atención al versículo 5 en particular y me ha dicho con voz inaudible, y sin embargo muy clara, "Esta es mi promesa para el Territorio Este ahora que se prepara para entrar al siglo 21".

Santificaos porque Jehová hará mañana entre vosotros maravillas.

Presten atención a la acción (santificaos) y la respuesta divina (porque Jehová hará mañana entre vosotros maravillas). Estudiemos esta sencilla, pero profunda promesa en su contexto.

Josué se levantó de mañana, y él y todos los hijos de Israel partieron de Sitim y vinieron hasta el Jordán, y reposaron allí antes de pasarlo.

Quiero llamar la atención sobre la frase, "reposaron allí antes de pasarlo". El pueblo de Israel acampó antes de cruzar el Jordán y eso constituyó lo que hoy llamaríamos una reunión cumbre. Ellos habían ido a sostener esta reunión en las riberas del río Jordán. ¿Qué es una cumbre? Es el punto más alto que se pueda alcanzar. Este encuentro poseía un carácter de alta prioridad. Era una conferencia de alto nivel diseñada para trazar, planificar y prepararse para el futuro.

En el otoño de 1999, los oficiales del Territorio Este de Estados Unidos se reunieron en una cumbre como la ésta: una conferencia de alto nivel diseñada para trazar, planificar y prepararse para el futuro.

Las reuniones cumbres no son nada nuevo. Los gobiernos y los cuerpos eclesiásticos suelen realizar las reuniones cumbres en forma regular. El nombre que se les da a estas reuniones de alto nivel puede ser un giro idiomático moderno, pero en la Biblia también se realizaron este tipo de reuniones que hoy llamamos "cumbres". Los israelitas acamparon a la orilla del Jordán. Por su parte, Jesús realizó una reunión cumbre en la ladera de un monte. Allí predicó un sermón en que establecía sus prioridades para preparar, planificar y trazar el futuro. Nos referimos a este acontecimiento como "El sermón del monte", pero también se lo podría llamar "La cumbre en el monte".

Jesús llega a esta "cumbre" luego de haber pasado por una experiencia llena de soledad, frustración y tentación en el desierto. Yo me puedo identificar con este hecho. Al igual que muchos otros oficiales, yo llegué a la Cumbre de Oficiales luego de haber pasado por algo similar. El mundo en que vivimos y servimos es un desierto en el que nos vemos acosados por la insidia, las tentaciones y las frustraciones que se nos presentan disfrazadas de diversas formas. Se nos presentan bajo la apariencia de seguidores que no están dispuestos a cooperar. Se nos presentan bajo la forma de seguidores que sólo saben criticar. Se nos presentan bajo la forma de sentimientos de fracaso. Se nos presentan bajo la apariencia de una

salud débil. Se nos presentan bajo la apariencia de una burocracia desquiciadora. Se nos presentan bajo la apariencia de
estadísticas negativas. Se nos presentan bajo una abundancia
de formas, y te atacan cuando te encuentras más vulnerable
que nunca—cuando estás cansado, cuando no estás cumpliendo bien, cuando vas volando a baja altura o te sientes
derrotado.

Jesús acababa de pasar por todas estas experiencias. Al
cabo de su temporada en el desierto y previo a la cumbre en el
monte, reunió a sus discípulos a su alrededor y...

> *De ahí él se fue por toda Galilea ... enseñando ... y sanando a la*
> *gente de todas sus enfermedades y de los malos efectos de sus malas*
> *vidas. La voz se corrió por toda la provincia romana de Siria. La*
> *gente le traía a todo el que sufriera una aflicción, fuera ésta de orden*
> *mental, emocional, o física. Jesús los sanó a todos. Cada vez venía*
> *más y más gente a él, y crecía la expectación.* (Mateo 4:23-25, *El*
> *Mensaje*)

... y crecía la expectación. Esto es lo que está ocurriendo en este
momento en este territorio. La gente se está allegando a nuestro Ejército cada vez más. Piensa en ello. ¿Que posibilidades
había de que Jesús escogiera este preciso momento en la historia y nos eligiera a nosotros para acoger estas oleadas cre-
cientes de nuevos adherentes—que nos eligiera para llevar a
este territorio hacia el siglo 21?

Vivimos en un momento apasionante en la historia del
mundo y en la historia del Ejército. Se percibe una gran emoción en el aire. La gente se está allegando a nuestro Ejército.
¿Por qué he tenido la fortuna de haber nacido en esta época

sin igual, en que la tecnología, la sabiduría, la libertad y las oportunidades están al alcance de nuestra mano más que nunca antes en la historia del hombre? ¿Por qué fui elegido para ser un oficial del Ejército de Salvación y nada menos que en este territorio? ¿Por qué yo, Señor? Me cuesta creerlo. Tendemos a dar por sentada la estabilidad de nuestra situación en el mundo, pero no debiéramos hacerlo. Debemos sacar todo el provecho posible del momento que estamos viviendo. Debemos aprovechar al máximo esta oportunidad.

Esta es una gran oportunidad para que cada uno de nosotros, oficiales o soldados del Territorio Este de Estados Unidos, asistamos a la "cumbre" del momento presente. Tú has sido elegido por El para ser su discípulo ... no en el primer siglo de nuestra era, ni en el siglo 19, sino hoy, en este siglo, en este país, en este territorio, ahora que cruzamos el umbral del siglo 21. Es un privilegio para nosotros estar viviendo en tiempos tan vibrantes como éstos, y es un privilegio poder servir a Dios. Hemos sido bendecidos sobremanera. Ahora que estamos entrando en el siglo 21, nos hallamos perfectamente posicionados para honrar a Dios llevando a este Ejército a nuevas alturas.

Me encanta la historia del hombre que, durante una época de crisis económica, contestó un aviso en el periódico que había publicado el administrador del zoológico local. Parece que tenían problemas porque el único gorila que tenían había muerto y no podían encontrar uno nuevo. Desesperados, se pusieron a buscar a alguien que estuviera dispuesto a disfrazarse de gorila y suplir la falta que hacía el gorila muerto mientras hacían los contactos necesarios para traer un gorila nuevo y de verdad.

Sin nada que perder, el hombre aceptó el trabajo y, para su sorpresa, descubrió que tenía muchas ventajas que jamás se hubiera esperado. Había mucho para comer, podía dormir cuando quería y era el centro constante de atracción.

Una tarde, en la efusión de su buen ánimo, se columpió demasiado alto. La barra se le resbaló de las manos y se vio lanzado sobre la reja hacia la guarida de los leones. Cuando tocó suelo, el león se acercó a él, rugiendo con ferocidad y mostrándole sus fauces y colmillos. El hombre en el disfraz de gorila entró en pánico y comenzó a gritar, "¡Socorro, por favor sáquenme de aquí! No soy un gorila de verdad, sólo estoy disfrazado!" Después de lo cual el león dijo, "Tranquilízate, tonto, o los dos perderemos el trabajo".

No nos apresuremos a quejarnos del lugar en que nos encontramos, de lo que tenemos o lo que no tenemos. No nos apresuremos a cambiarnos de bando cuando la gente haga notar los aspectos negativos de la estructura de nuestra organización. No nos apresuremos a criticar aquellos rasgos que nos hacen únicos dentro del cuerpo de Cristo—a saber, nuestra estructura militar, nuestra postura sacramental o nuestros uniformes. Ahora que pienso en ello, recuerdo que en mi ciudad natal había gente que se refería a nuestro uniforme como un disfraz de gorila ... Pero el hecho es que nuestro uniforme nos ha servido para abrir muchas puertas. Al verlo, todos reconocen la buena obra social que ha realizado el Ejército y es por ello que se lo respeta. Las ventajas de usarlo pesan mucho más que sus desventajas. Siempre y cuando recordemos que el uniforme no es una finalidad en sí misma, sino un medio para lograr una finalidad.

Debemos estar dispuestos a usar diferentes estilos de uniforme cuando sea apropiado y a vestirnos de civil en determinadas circunstancias, sin perder de vista lo importante que puede ser nuestro uniforme cuando demos testimonio de nuestra fe.

Piensa en ello un momento. Cuando usamos el uniforme en nuestras comunidades nos convertimos en el centro de atención. La gente acude a nosotros en busca de líderes. Quedan impresionados con el Ejército ... y también con nosotros, pues nosotros somos el Ejército. A diferencia del joven en el disfraz de gorila, lo que nosotros hacemos no es un mascarada; es algo real y genuino, porque este Ejército forma parte del plan divino y eterno de Dios. El creó este Ejército y nuestra misión en la tierra todavía no ha sido cumplida.

El desafío para nosotros es el de sentirnos constantemente impresionados, pero no con nosotros mismos ni con lo que hace el Ejército, sino con lo que Dios está haciendo, con lo que él es, con lo que está haciendo de nosotros y con el lugar en que nos ha puesto a realizar su obra ... El nos ha destinado a vivir en este momento en la historia ... para que aprovechemos el ímpetu con que está creciendo el Ejército— la oportunidad que se nos presenta ... la encrucijada en que podamos reunirnos todos en una reunión cumbre para Dios y el Ejército.

¿Cuánto tiempo duró la reunión cumbre de los israelitas a orillas del río Jordán?

Y después de tres días, los oficiales recorrieron el campamento (v. 2). Tres días. Las Escrituras no mencionan los detalles de lo que sucedió en esos tres días. Pero una cosa sí sabemos. El pueblo elegido por Dios se estaba preparando para entrar en la Tierra Prometida. Se preparaba para cruzar al otro lado del Jordán.

El Jordán era el río más importante de Palestina. Había que cruzar este río para entrar en la Tierra Prometida. El río marcaba la línea divisoria entre el pasado y el futuro. Cuando las tribus hebreas se iban acercando a la Tierra Prometida, lo hacían del lado este del Jordán. Habían esperado largo tiempo por este momento. Este tiempo de preparación había sido decisivo para su futuro.

No se sabe cuánto tiempo se quedó Jesús con sus discípulos en la ladera del monte. Bien pudieron haber sido o tres horas o tres días, pero esto no tiene ninguna importancia. Lo importante es que este acontecimiento inspiró tres capítulos del evangelio según Mateo. Ellos se preparaban para cruzar del antiguo pacto al nuevo. Este fue un momento decisivo en sus vidas y en la vida de la iglesia.

Los oficiales del Territorio Este de Estados Unidos acamparon durante tres días mientras asistían a una de las reuniones cumbre del Ejército. Ellos sabían lo que estaban haciendo—se estaban preparando para cruzar hacia el nuevo milenio. El año 2000 es una línea divisoria que separa el pasado del futuro. Es una línea simbólica que distingue entre lo viejo y lo nuevo. Nos hemos aproximado a esa línea del lado del Territorio Este de Estados Unidos. Hemos esperado mucho tiempo por este momento.

En algunos aspectos se puede decir que hemos vivido en el desierto. El mundo es un desierto. La decadencia moral está consumiendo el alma misma de nuestra sociedad, al mismo tiempo que se produce un crecimiento sin precedentes en el número de iglesias. La pobreza sigue aumentando mientras los ricos se hacen más ricos que nunca antes. De una u otra manera, el Ejército de Salvación no ha permanecido inmune a los efectos del veneno insidioso que se ha escurrido entre nuestras propias filas. El número de nuestros miembros se ha mantenido estancado o incluso ha bajado mientras la población general ha aumentado de manera explosiva. Para muchos, la pasión ha disminuído, mientras que el pecado, la corrupción y la miseria han aumentado. En medio de todo esto, muchos corazones se han apagado y muchos espíritus se han entumecido. El fuego parece estar a punto de extinguirse. Dios quiere que "aticemos las brasas" para que el fuego vuelva a resplandecer. El quiere renovar su pacto con nosotros. Nos quiere atizar, nos quiere encender, nos quiere levantar, nos quiere hacer vivir de nuevo. Quiere sacarnos del desierto y llevarnos a la Tierra Prometida. Este es un momento decisivo en la vida de este Territorio. Cambiemos lo viejo y abracemos lo nuevo. ¡Dios quiere hacer maravillas entre nosotros!

¿Cuál era el punto central de la reunión cumbre que realizaron los israelitas?

Y mandaron al pueblo, diciendo: Cuando veáis el arca del pacto de Jehová vuestro Dios y los levitas sacerdotes que la llevan, vosotros saldréis de vuestro lugar y marcharéis en pos de ella. (v. 3)

"El arca del pacto" era el punto central de esta reunión cumbre. Todo y todos juntos enfocados en el pacto. El arca representaba la presencia divina de Dios. El arca era la señal y el símbolo de la presencia de Dios, un Dios que necesitaba desesperadamente hacer un nuevo pacto con su pueblo. Las tablas de la ley estaban dentro del arca y, encima de ella, el banco de penitentes. En el arca descansaba el Espíritu de Dios.

Cristo en persona era el punto central de la reunión cumbre de la ladera del monte. La presencia de Dios se encarnó en piel, tendones y huesos y vivió entre nosotros. El dijo: "Sígueme".

Nuestro pacto con Dios era el punto central de la reunión cumbre de los oficiales, y debe también ser el punto central de nuestras vidas a medida que todos nosotros aquí en el Territorio Este de Estados Unidos vayamos avanzando hacia el futuro. Todo y todos nosotros debemos tener nuestra atención enfocada en el pacto que Dios ha hecho con nosotros. El altar de consagración y el banco de penitentes simbolizan el lugar donde se sellaron estos pactos cuando Jesús pagó el precio por nuestros pecados. Tenemos el privilegio de vivir en el día del nuevo pacto de gracia. El velo ha sido rasgado en dos y ahora tenemos acceso directo al lugar santísimo. El arca ha sido reemplazada y nosotros (tú y yo) nos hemos transformado en el vaso, el lugar donde mora el Espíritu de Dios. El no sólo está con nosotros, sino en nosotros. El pacto con Dios se individualiza y se personaliza.

Donde me guíe yo iré.

Debes moverte y seguirlo.

A fin de que sepáis el camino por donde habéis de ir; por cuanto vosotros no habéis pasado antes de ahora por este camino. Pero entre vosotros y ella haya distancia como de dos mil codos; no os acercaréis a ella. (v. 4)

Los israelitas sabían que a donde Dios los llevara, ellos lo debían seguir. Dios estaba con ellos e iría al frente de ellos para mostrarles el camino. El los llevaría a la Tierra Prometida. Ellos no habían recorrido ese camino antes. Era un territorio desconocido para ellos. No debían temer. Su presencia los llenaría de la fuerza que nunca habían tenido pues venían a hacer una obra que nunca antes habían hecho, Dios les mostraría el camino.

Donde me guíe yo iré.

Cuando Jesús bajó del monte, sus discípulos lo siguieron. Lo siguieron hasta la cruz. Dios les mostraría el camino.

Donde me guíe yo iré.

El Espíritu Santo nos está mostrando el camino a nosotros hoy día. Poseemos lo mejor de ambos mundos. El está en nosotros y va delante de nosotros. El es nuestro guía. No sólo nos indica el rumbo, también nos prepara el camino. Dios nos mostrará el camino.

Donde me guíe yo iré.

Si cumplimos nuestra parte de la obra de Dios, habremos recuperado la increíble promesa que Dios hiciera a Israel.

Y Josué dijo al pueblo: Santificaos, porque Jehová hará mañana maravillas entre vosotros. (v. 5)

La primera acción (santificaos) debe preceder la respuesta divina (Jehová hará maravillas). El último día en la reunión cumbre a orillas del Jordán fue un momento de consagración y renovación. Josué desafió a su pueblo a renovar su pacto con el Señor. No podían ir en seguimiento del Arca del Pacto hasta que no estuvieran santificados. Debían limpiarse de toda la suciedad de la carne y del espíritu. La santificación total los había de llevar al lugar al que estaba destinada el arca. Dios les mostraría el camino.

Donde me guíe yo iré.

Jesús concluyó su reunión cumbre del monte relatando la historia de un hombre sabio que construyó su casa sobre una roca. El desafió a sus discípulos a crear junto con él un pacto sólido como una roca. Esta era la forma de consagración que les permitiría seguirlo hasta la cruz. Dios les mostraría el camino.

Donde me guíe yo iré.

La oración y la entrega total de sí conducen a una vida de misión productiva—de evangelismo agresivo y adaptable. Esta era la instrucción que el Señor le impartió a Josué para que les comunicara a los Hijos de Israel. El nos habla hoy en día con la misma voz.

Y habló Josué a los sacerdotes, diciendo Tomad el arca del pacto, y pasad delante del pueblo. Y ellos tomaron el arca del pacto y fueron delante del pueblo. (v. 6)

Dios te ha llamado a ti, oficial o soldado, a este privilegiado sacerdocio. Al igual que Josué, yo te invito a que te consagres, a que renueves tu pacto y te prepares para marchar al frente de nuestras filas camino al siglo 21.

Santificaos, porque Jehová hará mañana maravillas entre vosotros.

¡Abraza la visión!
(Talleres visionarios)

Taller 1

¡Empieza a practicar!

Tengo una visión. Me esfuerzo por reducir esta visión a palabras y conceptos que comuniquen, inspiren, y compelan. Me hallo en buena compañía. Jonathan Swift dijo que "una visión consiste en el arte de ver lo invisible". El autor de Hebreos escribió que es "la evidencia de las cosas que no se ven". ¿Cómo puede uno comunicar lo invisible?

¡Noé lo hizo!
Lee sobre la visión de Noé en Génesis 6:11-22.
¿Cómo comunicó Noé su visión?

¡Moisés lo hizo!
Lee sobre el encuentro de Moisés con Dios en Exodo 3:1-12.
¿Qué exigió la visión de Moisés?

¡Daniel lo hizo!
Lee sobre la salvación de Daniel en Daniel 6:16-28.
Daniel vio el poder salvador de Dios al hallarse en circunstancias en que su vida peligraba.
¿De qué manera se puede decir que su visión cambió la situación en Babilonia?

¡Pablo lo hizo!
Lee sobre la visión y conversión de Pablo en Hechos 9.
¿Hasta dónde llevó a Pablo su visión?

¿Qué tienen en común estos visionarios?

Solamente los que vean lo invisible pueden hacer lo imposible

¿Qué significa ver lo imposible?

¿Cómo podemos entrenar nuestra mirada a ver lo imposible?

¿Cómo comunicamos lo invisible a los demás, especialmente en la época tecnológica y escéptica en que vivimos?

La Reina Blanca le dijo a Alicia (en "Alicia en el País de las Maravillas") que a veces ella creía en seis cosas imposibles antes del desayuno.

¿Qué harías si supieras que no vas a fracasar?

¿Haces todos los días el esfuerzo de creer en lo "imposible?"

¡Comienza a practicar!

Taller 2

¿Has estado practicando diariamente?

¿Has estado haciendo el esfuerzo todos los días de "ver lo invisible y creer lo imposible?" Espero que sí. El futuro depende de ello. El Señor declara: "Donde no hay visión, la gente perece".

Las visiones vienen de Dios y nos dan dirección, guía, sentido y propósito—un sentido claro de nuestro destino. Son esenciales para la expansión del reino de Dios.

¿Qué significa ver lo invisible?

Prepara una lista en la que enumeres cinco cualidades vitales de una visión clara y poderosa.

1.

2.

3.

4.

5.

Abraham vio lo invisible y creyó lo imposible. Abraham abrió su corazón par a recibir la visión de Dios, pues él era creyente.

¿Crees que Dios puede hacer y ha de hacer todo lo que ha prometido? Lee los siguientes versículos. ¿Qué es lo que se promete en cada uno de ellos? ¿Ha cumplido Dios lo allí prometido?

Lucas 11:13

Juan 6:40

1 Corintios 1:8

Mateo 18:20

1 Pedro 3:12

Imagina en tu mente la visión de estas promesas naciendo y cumpliéndose en tu propia vida. Practica esto todos los días.

Abraham abrió su corazón par a recibir la visión de Dios, pues él creía.
¿Vas a abrir tu corazón?

¿Escribe lo que piensas acerca de esta afirmación: "La claridad de una visión está ligada siempre a la pureza del corazón".

El milagro de la cirugía con rayos láser ha dado una visión perfecta a miles de personas. En esta cirugía, el problema de la visión se quita literalmente quemándolo.

¿Si pudieras pedirle a Dios que quitara algo que nubla tu visión, que sería?

Muchas generaciones han pasado desde que Abraham tuvo su visión y, a través de los años, mucha gente ha visto visiones y sonado sueños.

¿Cuál es la visión que tú tienes para el pueblo de Dios en tu viña?

¡Sigue practicando!

Taller 3

Concentrémonos en salvar a algunos

Debemos considerar con cuidado la demografía de este territorio. Setenta millones viven en esta área geográfica relativamente pequeña. El Territorio del Este tiene en sus files a 19.220 de estas personas como soldados adultos, activos e inactivos. ¡Demos gloria a Dios por ello! Pero, consideren lo siguiente: alrededor de 25 millones de personas, o un poco mas de un tercio de los 70 millones de almas, no asiste a la iglesia. ¡Los campos están esperando la cosecha!

La declaración personal de misión del apóstol Pablo era "A todos me he hecho de todo para que de todos modos salve a algunos."
(1 Corintios 9:22b)

Una de las definiciones de "algunos" en el diccionario es "desconocido o no especificado por nombre". Tómate un minuto y especifica tus "algunos" por sus nombres. ¿Quiénes son aquellos "algunos" en tu vida que necesitan una relación de salvación con Jesucristo?

Lee acerca de los "algunos" que vinieron a Dios a través del ministerio de los apóstoles en Hechos 2:37-42.

Se ha dicho a menudo que nuestras mayores habilidades se transforman en nuestras grandes debilidades.

Haz una lista de las cinco mayores habilidades del Ejército y cinco de sus debilidades en la medida que éstas se relacionan con el cometido de salvar a los "algunos".

1.   1.
2.   2.
3.   3.
4.   4.
5.   5.

Incluye tanto las habilidades como las debilidades en tus oraciones a Dios.

¡Tómatelo en serio!

Llena los espacios en blanco: A _____ me he hecho de _____ para que _____ salve a _____ .

Los invito a que inviertan un poco de tiempo tratando de alcanzar con sus "tentáculos" de oración a aquellos invisibles "algunos".

¿Quiénes son nuestros "algunos"? ¿Quiénes son tus "algunos"?

¡Aquellos que ven lo invisible pueden hacer lo imposible!

Taller 4

Dos preguntas complicadas

Cuatro preguntas incisivas: ¿Quiénes son nuestros *algunos?* ¿Qué aspecto ofrecen a la vista? ¿De dónde vienen? ¿Puede el Ejército de Salvación ofrecerles lo que ellos buscan?

Un artículo reciente en el periódico *The New York Times* puede servir para contestar estas preguntas, al menos parcialmente. El nombre de la joven cuya vida se relata en el artículo no es importante ahora. Lo que sí es importante es la manera en que ella vivió y murió. A la edad de diez años su madre fue asesinada en Nueva York durante una disputa por drogas. Se envió a la muchacha a Nueva Jersey a vivir con su padre, al cual más tarde se acusó de haber abusado de ella sexualmente. Pasó los años turbulentos de su adolescencia en dura transición por el programa de padres subrogantes de Nueva York. A los catorce años, esta joven mujer, que recién empezaba a duras penas su vida, fue hallada muerta en una alcantarilla de un suburbio de Nueva York, perdida, sola, golpeada, y abusada sexualmente. Sólo ocho meses después se logró identificar su cuerpo.

"Su mayor temor", dijeron sus amigas, "era vivir y morir sin que nadie la quisiera y sin que nadie se preguntara por ella". Uno de sus padres adoptivos dijo, "Si alguien hubiera estado ahí para ayudarla, lo más seguro es que estaría viva".

¿Y si el Ejército de Salvación hubiera estado allí para ayudarla? ¿Y si los miembros de una Escuela Dominical se hubiera acercado y la hubieran alcanzado? ¿Y si una tropa de Rayitos de Sol la hubiera acogido?

Estas son las preguntas que nos debieran preocupar. Se las planteo a ustedes ahora.

¿Y si el Ejército hubiera estado allí para ayudarla?

¿Y ahora qué se puede hacer?

Oremos para que Dios nos guíe hacia las respuestas correctas.

¡Aquellos que ven lo invisible pueden hacer lo imposible!

Taller 5

Valores fundamentales de importancia crítica

No debemos dejar de cultivar la visión que Dios con mucha claridad ha puesto ante nosotros. Son tres los valores fundamentales de primera importancia que representan la piedra angular de esta visión: oración, santidad y evangelismo agresivo y adaptable. Debemos recuperar estos tres valores antes de poder avanzar.

Oración: La base del poder

Jim Cymbala, en su libro *Fresh Wind, Fresh Fire [Viento fresco, fuego fresco]* dice, *"La gente presta atención cuando ve que Dios realmente cambia a las personas y las libera ... Cuando alguien es sanado de la aflicción que lo aqueja o liberado del cautiverio que oprime su vida, todos prestan atención. Todo ello da testimonio de un Dios que es fuerte y está vivo".*

¿Cuándo fue la última vez que "prestaste atención" a la obra de Dios en tu vida o en la vida de alguna otra persona?

Haz una lista de aquellos con quiénes te gustaría ser compañeros de oración.

La santidad: Cómo se la enseña y cómo se la recibe

J. Sidlow Baxter, en su libro *A New Call to Holiness [Un nuevo llamado a la santidad]*, escribe: *"Catherine Booth y los primeros líderes de esa cruzada de santificación partieron como serafines encendidos y atravesaron toda la tierra, predicando ese doble mensaje de salvación a través de "la sangre y el fuego" por el cual el Ejército llegó a ser famoso en todo el mundo—la remoción del pecado que hay en el corazón por el poder limpiador de la preciosa sangre del salvador, y el bautismo del fuego pentecostal...*"

¿Por qué están ligadas la salvación y la santidad? ¿Se puedes tener una sin la otra?

¿Está el Ejercito de Salvación aún atravesando toda la tierra como un serafín encendido? ¿Cómo podemos recuperar esta cualidad de "justicia al rojo vivo"?

Evangelismo: tomando riesgos

En su libro *Aggressive Christianity* [*Cristianismo agresivo*], Catherine Booth dijo que Dios nos estaba llamando de la siguiente manera: *"Vayan, no construyan templos ni iglesias ni esperen que ellos vengan a ustedes, sino que vayan, corran tras ellos, búsquenlos y prediquen mi Evangelio a toda criatura. Hagan que su presencia y su mensaje se sientan en las consciencias de los hombres ... despiértenlos, remézcanlos, abran sus ojos, háganlos pensar y darse cuenta de la veracidad de las cosas eternas".*

¿Con qué tipo de evangelismo te sientes cómodo?

¿Qué tipo de evangelismo constituye un riesgo para ti?

¿Estás dispuesto a asumir ese riesgo?

Piensa en los términos "agresivo" y "adaptable". ¿Cómo se aplican estos términos a un evangelismo que sea eficaz?

Hemos nombrado a tres embajadores territoriales, uno para la oración (la teniente coronela Barbara Hunter), la santidad (el teniente coronel Lyell Rader) y el evangelismo (el teniente coronel Joe Bassett).

¿Te comprometes a orar por estos embajadores mientras nos guían para avanzar en estas tres áreas vitales?

¡Dale la bienvenida a nuestros embajadores; abracemos su misión!

Taller 6

¡Es hora de tomárselo en serio!

Consideremos ahora las otras expresiones paralelas que forman parte de la declaración de misión personal de Pablo—o la tuya si ya has decidido adoptarla (¡espero que así sea*!): de todo, a todos* y *de todos modos*. Recordarás que estas tres expresiones se redondean con las palabras *salve a algunos*. Pienso que la siguiente historia, que me fue contada personalmente, captura de manera armónica el sentido de estas tres expresiones:

Pedro sobrevivió a su esposa e hijos; pero esto resultó ser más de lo que él podía sobrellevar emocionalmente. Su vida dio un vuelco violento hacia el absoluto descuido de su propia persona, de su casa, y de su entorno inmediato, todo lo cual cayó en la ruina y la miseria. *¡A todos!* A medida que se acercaba a la muerte, puso deliberadamente todas sus pertenencias personales de manera ordenada al lado de su cama y se durmió.

El juez de instrucción, quien decide las causas de defunción, llamó a Anita para avisarle que Pedro había nombrado al Ejército de Salvación como beneficiario único de su herencia. Su testamento estaba escrito en una pequeña bolsa de papel. "Todos mis bienes son legados al Ejército de Salvación—incluyendo mi cuerpo". *¡De todo!* Anita contactó a su único pariente vivo, una sobrina política, que no lo había visto en años. Luego de hacer algunas averiguaciones, Anita se enteró que mientras Pedro se encontraba en este estado de abandono, recibió la visita del capitán Doug Lowman, quien le dijo, "Usted es un hijo de Dios. Usted es un hombre con dignidad a los ojos de Dios. El lo ama y ha preparado un lugar en su reino para usted". *¡De todos modos!* Este hombre, al que sus vecinos consideraban irremediablemente perdido, llegó a ser un hijo de Dios a través del ministerio del Ejército de Salvación. *¡Salve a algunos!*

Como desenlace a esta historia que ejemplifica la exhortación del apóstol Pablo a hacernos de todo a todos para que todos de modos salvemos a algunos, el Ejército de Salvación recibió un cheque de $100.000 por el legado de Pedro.

¡Dios ha escrito para nuestras vidas un maravilloso guión!

Bueno, es hora de tomar esto en serio en nuestras propias vidas. Te invito a reflexionar y a orar en atención a la siguiente declaración de misión. Espero y estaré orando para que la hagas tuya: (Ve a la próxima página)

Declaración de Misión Personal

A TODOS

Compañero de trabajo, vecino, familia, amigo
al rico, al pobre, al que es fácil y al que es difícil amar,

ME HE HECHO DE TODO

Siervo, auxiliador, confidente, amigo,

PARA QUE DE TODOS MODOS

Una palabra alentadora, una mano benevolente, una respuesta serena,
Buscando en cada contacto una oportunidad de mostrar el rostro de
Cristo,

SALVE A ALGUNOS

No todos nos escucharán ni responderán—pero basta con uno—uno
solo—para que todo haya valido la pena, sabiendo que todo lo que
hago es causa de alegría para Dios

**Quiero abrazar esta visión y hacerla mía. Con Dios, el ejemplo de
Jesús y la presencia fortalecedora del Espíritu Santo como guías,
lucharé para hacer de esta visión y de esta misión una realidad en
mi vida. Este es mi compromiso y mi oración en este día.**

_____

Firma   **Fecha**

¡Que veas lo invisible y hagas lo imposible!

Oración final

Te doy gracias, oh Señor, que has puesto tantas luces en el aposento alto—tantas y tan variadas. Tu deseo es que yo mantenga no sólo mi propio brillo, sino que tome de los demás el color que en mí se ha ido atenuando. Has puesto a Pedro al lado de Juan para que la impulsividad de Pedro se pueda apaciguar. Has puesto a Juan al lado de Pedro para que la lentitud de Juan se pueda agilizar. Ilumíname con la luz de mi hermano. Añade a mi amor la cualidad que lo hará más fuerte. Haz que pueda recibir la luz de la estrella que no es mía. Hazme comprender que mi canto de alabanza no está completo hasta que no entre en armonía con las otras partes en la gran sinfonía de adoración. Llegaré a entender el significado de todas las voces cuando llegue a comprender la necesidad que todos tenemos de tu gracia multiforme. AMEN

George Matheson